KB215167

복 있는 사람

오직 여호와의 율법을 즐거워하여 그 율법을 주야로 묵상하는 자로다.
저는 시냇가에 심은 나무가 시절을 좇아 과실을 맺으며 그 잎사귀가 마르지 아니함 같으니
그 행사가 다 형통하리로다 (시편 1:2-3)

『하나님을 설교하라』는 이 시대의 탁월한 설교자 존 파이퍼의 33년 설교 사역의 정수가 담긴 설교론이다. 출간 25주년 기념 개정증보판인 이 책에서 그는 설교자의 임무란 "세상에서 살아가는 방법에 대해 도덕적인 격려나 심리적인 위로를 해주는 것"이 아니라, "하나님의 탁월한 아름다움과 위엄에 대해 이야기해 주는 것"임을 힘 있게 역설한다. 위대한 설교자 조나단 에드워즈의 삶과 신학과 설교의 핵심이 간결하고 매력적으로 담겨 있는 것 또한 이 책의 묘미다. 설교의 필수 주제인 '하나님'을 전하는 일에 가슴 뛰기 원한다면, 부디 이 책을 들기 바란다. 아무쪼록 이 책이 한국 교회 가운데 하나님 중심의 예배와 삶이 확산되고 그리스도의 진리가 더욱더 드러나기를 소망하는 설교자들에게 귀한 도구로 사용되기를 소망한다.

이찬수 분당우리교회 담임목사

칠순을 넘긴 파이퍼는 여전히 성경의 가르침을 보다 선명히 보고, 성경이 계시하는 하나님을 보다 깊이 음미하며, 최대한 많은 사람들에게 하나님의 뜻 전체를 보다 설득력 있게 전하길 갈망하지만, 이제까지 표면만 건드린 느낌이라고 고백한다. 이제 간신히 알겠는데 남은 날이 얼마 안 남은 듯하여 아쉬워하는 것이다. 패기와 열정으로 목회 사역을 시작했던 젊은이가 33년간 설교하고 나서 오래전 출간한 자신의 책에 무엇을 보태고 싶어 했을지 궁금하지 않은가. 나의 어리숙한 25년의 설교 경험에 파이퍼의 33년 지혜를 더하니 설교의 '감'이 예민해지고 '촉'이 예리해지는 느낌이다. '그래, 그랬구나', '그래, 그거였구나' 하면서 읽었다. 여전히 흐릿하지만, 길이 조금씩 보이고 손에 무언가가 잡히는 것 같다. 파이퍼의 33년을 거저 얻었다. 다행한 은혜다.

박대영 광주소명교회 책임목사

나는 존 파이퍼에게서 설교를 배웠다. 이것은 추천사를 쓰기 위한 과장이 아니다. 존 파이퍼가 운영하는 'Desiring God'에서 천 편이 넘는 그의 설교를 듣고, 곱씹고, 뜯어 보았다. 설교문의 구조와 수사, 강조점을 면밀하게 분석하기도 하고, 그의 몸짓과 억양을 눈여겨보기도 했다. 실로 설교에 필요한 많은 부분들—주해, 내용 구성, 전달 방식 등—을 그로부터 배웠다. 그러나 이 모든 것은 시간이 지나며 잊히기도 하고, 다른 설교자들을 연구하며 대체되거나 보완되기도 했다. 하지만 그에게서 배운 것 가운데 절대로 대체할 수 없는 한 가지가 있는데, 바로 하나님이다. 그는 주위에서 흔히 볼 수 있는 미국식 실용주의적 설교자가 아니다. 주해로 한정하면, 그보다 나은 해석을 보여주는 설교자들도 많다. 하지만 "하나님의 존전 앞에 사람을 세우기 때문에 굳이 적용을 듣지 않아도 이미 배부르고 만족한" 느낌을 주는 설교자를 꼽는다면, 내가 알기로 존 파이퍼가 가장 탁월하다. 어떤 설교자든 이 책을 통해 설교의 엄위와 능력, 그리고 설교를 통해서 전달되어야 하는 하나님의 영광 앞에 서게 되기를 바란다. "목사님 설교가 더 좋아졌어요!"라는 말을 듣지는 않을 것이다. 오히려 "하나님 앞에 선 것 같았어요"라는 말을 듣게 될 것이다. 그리고 그것이 이 책을 통해 바라는 바다.

이정규 시광교회 담임목사

성경은 인생을 보다 효과적으로 살 수 있는 방법을 실제적으로 제안하는 책이 아니라, 하나님의 계시다. 이 책은 설교자들이 잊기 쉬운 그들 자신의 위험은 무엇이며 교인들의 위험은 무엇인지 일깨워 준다.

해돈 로빈슨

존 파이퍼는 메시지를 전할 때마다 그 어떤 방법보다 하나님을 높일 것을 예언자의 열정으로 외친다. 이것은 타락한 세상의 눈길을 끌 수 없을 만큼 단순한 길이며, 신실한 설교자라면 무시할 수 없을 만큼 강력한 길이다.

브라이언 채플

때때로 목회자를 위한 수많은 책들 가운데 설교자의 소명에 지대한 영향을 끼치는 책, 안심하고 필독서로 추천할 만한 책이 우리 앞에 모습을 드러내는데, 『하나님을 설교하라』가 바로 그러한 책이다.

싱클레어 퍼거슨

『하나님을 설교하라』는 복음 사역에 정말 필수적인 몇 안 되는 책들 가운데 하나다.

필립 그레이엄 라이큰

『하나님을 설교하라』는 모든 설교자가 적어도 일 년에 한 번씩은 읽어야 할 책이다. 오늘날 균형을 잃은 자아중심적 설교에 강력한 해독제 역할을 한다.

어윈 루처

이 책은 설교에 대한 성경의 기준으로 돌아가라고, 과거 많은 설교의 거장들—특히 조나단 에드워즈와 찰스 스펄전—이 따랐던 기준으로 돌아가라고 요청한다.

워렌 W. 위어스비

『하나님을 설교하라』는 지친 설교자들에게 주는 효과 좋은 영양제이자, 강단 사역을 위한 신학과 전략과 영성을 깊이 파고드는 책이다.

J. I. 패커

하나님을 설교하라

John Piper

The Supremacy of God in Preaching

존 파이퍼 지음

하나님을
설교하라

박혜영 · 정상윤 옮김

복 있는 사람

하나님을 설교하라

2012년 1월 18일 초판 1쇄 발행
2019년 4월 8일 초판 8쇄 발행
2021년 12월 10일 개정증보판 1쇄 인쇄
2021년 12월 17일 개정증보판 1쇄 발행

지은이 존 파이퍼
옮긴이 박혜영·정상윤
펴낸이 박종현

㈜ 복 있는 사람
주소 서울특별시 마포구 연남동 246-21(성미산로23길 26-6)
전화 02-723-7183(편집), 7734(영업·마케팅) 팩스 02-723-7184
이메일 hismessage@naver.com
등록 1998년 1월 19일 제1-2280호

ISBN 979-11-91987-32-4 03230

The Supremacy of God in Preaching
by John Piper

Copyright © 1990, 2004, 2015 by Desiring God Foundation
Originally published in English under the title
The Supremacy of God in Preaching by Baker Books
A division of Baker Publishing Group
P.O. Box 6287, Grand Rapids, MI 49516, U.S.A.
All rights reserved.

Translated and used by the permission of Baker Publishing Group
through the arrangment of rMaeng2, Seoul, Republic of Korea.
This Korean edition Copyright © 2021 by The Blessed People Publishing Inc., Seoul, Republic of Korea.

예수 그리스도를 통해서

모든 사람의 기쁨을 위해

모든 일에 하나님을 최고로 모시려는 열정을

전파하는 비전에 동참한

베들레헴 침례교회

교인들에게

차례

개정증보판 서문

하나님은 여전히 가장 중요하고 가장 귀하고 가장 만족을 주시며 가장 포괄적이신 분, 그렇기에 세상에 가장 적실한 실재십니다. 따라서 그의 최고 주권과 설교의 관계에 초점을 맞춘 이 작은 책 또한 여전히 적실합니다. 처음 이 책을 썼던 때로부터 25년이 지난 지금도 여전히 저는 이 책과 똑같이 말하고 싶습니다. 제 초점은 목회 사역을 시작한 1980년부터 여기 있었고, 목회를 마무리한 2013년 3월 31일 부활주일 마지막 순간까지 계속 여기 있었습니다.

그래서 이 개정증보판에 '33년 후—설교와 목회에서 여전히 최고이신 하나님'이라는 제목의 3부 네 장章을 추가했습니다. 첫 장에서는 칠순을 바라보는 최근 10년간 조나단 에드워즈에게 얻은 큰 기쁨을 펼쳐 놓았습니다. 그는 20대 때부터 제게 지대한 영향을 끼쳤습니다. 그리고 60대가 된 지금도 여전히 저를 가르치며 고쳐시켜 줍니다.

새로 쓴 둘째 장에서는 하나님의 말씀에 매여 설교하는 일에 따르는 자유와 권위와 능력을 칭송했습니다. 성경지향적인 설교자와 오락지향적인 설교자를 대조하면서, 성경 본문과 담대한 설교의 연관성—사람들이 실제로 알아보고 믿을 수 있는 연관성—을 옹호했습니다. 33년이 지나면서 성경은 제게 그 어느 때보다 더 생생하고, 더 강력하고, 더 매혹적이고, 더 기쁨을 주고, 더 마르지 않는 책이 되었습니다. 성경 외에 다른 것이 더 흥미롭고 통찰력 있고 만족을 주는 양 설교하는 것은 영적 질병의 징후입니다.

셋째 장에서는 설교의 상황화contextualization에 대한 생각을 간략히 밝혔습니다. 요점은 기존 범주들 중에서 성경의 난해한 사실들을 담아 낼 만한 것들을 찾아내는 일에도 힘써야 하지만, 청중의 마음속에 새로운 범주를 창조해 내는 일에도 그만큼 힘써야 한다는 것입니다. 두 노력 다 결정적으로 중요합니다. 범주를 새로 창조해 내는 것은 무엇보다 힘든 일, 즉 불가능한 일입니다. 성령이 하셔야만 하는 일입니다. 그런데 성령은 우리의 사고와 설교를 사용해서 이 일을 하십니다.

새로 쓴 마지막 장에서는 목사가 되는 일이 경이로운 특권인 이유를 열거해 놓았습니다. 저는 거기에 '목사가 되는 일이 위대한 30가지 이유'라는 제목을 붙였습니다. 이것은 오랜 세월 목회 사역을 수행하는 말할 수 없는 특권을 허락하신 하나님의 자비에 바치는 저의 헌사입니다. 하나님이 저를 지켜 주신 것과 그토록 인내심이 큰 교인들을 주신 것을 생각하면 놀랍기 짝이 없습니다. 그들은 사랑으로 허다한 죄를 덮어 주었습니다.

　이 개정증보판이 오래 목회해 온 목사들에게는 격려가 되고, 젊은 목사들에게는 하나님 중심으로 그리스도를 높이며 성경에 푹 잠겨 모든 것에서 최고이신 하나님을 전하는 일에 헌신함으로써 예수 그리스도를 통해 모든 이에게 기쁨을 주는 일생을 시작하는 데 도움이 되길 기도합니다.

존 파이퍼

2014년 2월

저는 설교야말로 교회 예배의 한 요소라고 어느 때보다 굳게 믿고 있습니다. 설교가 곧 예배입니다. 교회의 크기와 상관없이 교회의 정규적인 예배 생활에는 반드시 설교가 포함됩니다. 작은 교회라고 해서 대화나 '나눔'sharing으로 설교를 대신하지 못하며, 초대형 교회라고 해서 요란한 선전으로 설교를 대신하지 못합니다. 설교한다는 것은 곧 하나님의 말씀―성경 본문―을 설명하고 그 말씀에 환호함으로써 예배하는 것입니다.

교회 전체 예배에 설교가 있어야 하는 것은, 신약성경이 '교회는 한 몸'이라는 맥락에서 "말씀을 전파하라"(kēruxon ton logon)라고 명령하기 때문이기도 하지만(딤후 3:16-4:2) 예배의 두 가지 본질이 설교를 요구하기 때문이기도 합니다.

이 두 가지 본질은 하나님께서 자신을 계시하시는 방법에서 비롯된 것으로서, 조나단 에드워즈Jonathan Edwards는 다음과 같이 설명하고 있습니다.

하나님은 두 가지 방법으로 피조물 앞에서 영광을 받으신다. 첫째, 그들의 이해력에……자신을 나타내심으로 영광을 받으신다. 둘째, 그들의 마음에 자신을 전해 주심으로, 자신의 나타남을 기뻐하고 즐거워하며 누리게 하심으로 영광을 받으신다.……자신의 영광을 보여주심으로 영광을 받으실 뿐 아니라 그 영광을 기뻐하게 하심으로 영광을 받으신다. 피조물이 단순히 영광을 보기만 하는 것이 아니라 그 영광을 보고 즐거워할 때 더욱 영광을 받으시는 것이다. 하나님은 이해력과 마음을 아우르는 온 영혼에게서 영광을 받으신다.[1]

참된 예배에는 항상 이 두 가지 측면, 곧 하나님을 보는 것seeing God과 하나님을 음미하는 것savoring God이 있습니다. 이 두 가지는 서로 분리될 수 없습니다. 하나님을 음미하려면 하나님을 보아야 합니다. 하나님을 보고서도 음미하지 않는 것은 그분을 모욕하는 짓입니다. 참된 예배에는 항상 지적인 이해와 마음의 느낌이 따르게 되어 있습니다. 항상 이해가 느낌을 받쳐 주어야 합니다. 그렇지 않으면 모든 것이 근거 없는 감상주의로 전락하게 됩니다. 반면에, 하나님에 대한 느낌이 전혀 없는 이해는 죽은 지성중심주의에 불과합니다. 그래서 성경이 내내 한편으로는 생각하고 숙고하고 묵상하라고 하면서, 또 한편으로는 즐거워하고 두려워하고 애통하고 기뻐하고 소망하고 좋아하라고 하는 것입니다. 참된 예배에는 반드시 이 두 가지 측면이 모두 있어야 합니다.

예배드릴 때 하나님의 말씀을 설교의 형태로 전달하는 것은, 참된 설교가 그 방식과 목적에서 이 두 측면을 일관되게 결합시켜 주기 때문입니다. 바울은 디모데후서 4:2에서 디모데에게 "말씀을 전파하라 preach"고 명령합니다. 여기서 "전파하라"(kēruxon)는 '전하라', '알리라', '선포하라'는 말입니다. 단순히 '가르치라', '설명하라'는 말이 아닙니다. 옛날 성읍의 관원들이 소식을 외쳐서 알렸듯이 알리라는 말입니다. "들으시오, 들으시오, 들으시오! 왕이 충성을 맹세한 모든 백성에게 선포하시는 좋은 소식이오. 왕의 아들을 믿고 사랑하는 모든 자에게 영원한 생명을 주실 것이오." 저는 이것을 환호exultation라고 부릅니다. 설교는 자신이 전하고 있는 진리에 공적으로 환호하는 것입니다. 무덤덤하거나 냉담하거나 중립적인 태도로 전하지 않습니다. 그저 설명만 하지 않습니다. 듣는 이들까지 흥분될 정도로 눈에 띄게 열광하며 전합니다.

그러면서 교훈도 합니다. 디모데후서 3:16을 다시 살펴보면 이 점을 알 수 있습니다. 성경(설교는 성경에서 나오는 것입니다)은 교훈하기에 유익한 책입니다. 디모데후서 4:2 이후를 보아도 알 수 있습니다. "너는 말씀을 전파하라.……오래 참음과 가르침으로 경책하며 경계하며 권하라." 설교는 단순히 강해만 하는 것이 아닙니다. 하나님의 말씀을 다루는 것입니다. 참된 설교는 단순한 사람의 의견이 아닌, 하나님의 말씀을 신실하게 강해하는 것입니다. 한마디로 강해하는 환호expository exultation인 것입니다.

결론적으로 교회 전체 예배에 설교가 꼭 있어야 하는 이유는, 오직 설교만 이해와 느낌을 채워 주기에 적합하기 때문입니다. 오직 설교만 사람을 일깨워 하나님을 보고 음미하게 하기에 적합한 형식입니다. 하나님은 사람의 정신을 가르치고 마음을 만질 수 있는 형식으로 자신의 말씀을 주시기로 정해 놓으셨습니다.

하나님께서 『하나님을 설교하라』 개정판을 사용하여 하나님 중심의 예배와 삶을 더욱더 확산시키시기를 원합니다. 교회의 설교를 통해 그리스도의 진리를 더욱더 드러내시고 그리스도의 영광을 음미하게 하시기를 원합니다. 이 땅의 설교단에 하나님의 말씀을 강해하는 소리, 말씀의 하나님께 환호하는 소리가 울려 퍼지게 하시기를 간절히 원합니다.

2003년

존 파이퍼

사람에게는 하나님의 위대하심이 간절히 필요합니다. 그러나 대부분은 힘든 삶의 원인이 여기 있다고 생각지 못합니다. 하나님의 위엄은 알려지지 않은 치료책입니다. 시장에는 이보다 훨씬 더 인기 있는 처방들이 나와 있지만, 그 효과는 모두 일시적이고 피상적일 뿐입니다. 하나님의 위대하심이 풍겨 나지 않는 설교로 한때의 즐거움은 줄 수 있을지 몰라도 "당신의 영광을 보이소서!"라는 영혼의 숨은 외침에는 부응할 수 없습니다.

몇 년 전 교회 신년기도 주간에 이사야 6장을 본문으로 하나님의 거룩하심을 설교했던 적이 있습니다. 그 해 첫 주에는 이사야 6장 첫 네 절에 나오는 하나님의 거룩하신 모습을 전했습니다.

웃시야 왕이 죽던 해에 내가 본즉 주께서 높이 들린 보좌에 앉으셨는데 그의 옷자락은 성전에 가득하였고 스랍들이 모시고 섰는데 각기 여섯 날개가 있어 그 둘로는 자기의 얼굴을 가리었고 그 둘로는 자기의 발을 가리었고 그 둘로는 날며 서로 불러 이르되 거룩하다, 거룩하다, 거룩하다, 만군의 여호와여. 그의 영광이 온 땅에 충만하도다 하더라. 이같이 화답하는 자의 소리로 말미암아 문지방의 터가 요동하며 성전에 연기가 충만한지라.

저는 하나님의 거룩하심을 설교했고, 위대하고 거룩하신 하나님의 위엄과 영광을 나타내고자 최선을 다했습니다. 삶의 적용에 대해서는 한마디도 하지 않았습니다. 보통 설교에는 적용이 꼭 필요하지만, 그날은 한 가지 시험해 보고 싶은 것이 있었습니다. '하나님의 위대하심을 열정적으로 묘사하는 것 자체만으로도 사람들의 필요를 채울 수 있지 않을까?'를 알고 싶었던 것입니다.

그날 주일에 저는 몰랐지만, 어린 자녀가 가까운 친척에게 성적 학대를 받았다는 사실을 안 지 불과 얼마 되지 않은 젊은 부부가 그 자리에 있었습니다. 그들은 말할 수 없는 충격을 받았습니다. 그 상태에서 주일 아침 예배에 참석하여 이 메시지를 들은 것입니다. 오늘날 얼마나 많은 이들이 목사들에게 다음과 같이 충고하는지 모릅니다. "파이퍼 목사님, 교인들의 상처가 보이지 않습니까? 천상에서 그만 내려와 실제적인 설교를 해야 하지 않습니까? 주일에 목사님 앞에 어떤 사람들이 앉아 있는지 알기나 합니까?" 저는 몇 주 후에야 부부의 사정을 알게 되었습니다. 예배 후에 그 남편이 저를 한쪽으로 데려가 말했습니다. "목사님, 최근 몇 달은 우리 인생에 가장 힘든 기간이었습니다. 그런데 어떻게 버틸 수 있었는지 아십니까? 목사님이 새해 첫 주에 하나님의 거룩하심이 얼마나 큰지 보여주셨기 때문에 버틸 수 있었습니다. 그 말씀이 발을 디디고 설 반석이 되어 주었습니다."

하나님의 위대하심과 영광이야말로 적실한 것입니다. 사람들이 느끼는 필요가 무엇인지 알아보는 설문조사에 '은혜로우신 주권자 하나님의 가장 큰 위대하심'이라는 대답이 나오지 않는다는 것은 중요하지 않습니다. 분명 이것이 가장 깊은 필요입니다. 사람들에게는 하나님이 간절히 필요합니다.

교회의 선교 동원 방식, 역사에 거듭 등장했던 방식에서 또 다른 예를 찾아볼 수 있습니다. 오늘날 젊은이들은 교파나 기관에 열광하지 않습니다. 온 세상을 다스리시는 하나님의 위대하심을 알 때, 주권자이신 왕의 중단되지 않는 목적을 알 때 열광합니다. 최초의 위대한 선교사는 말했습니다. "그로 말미암아 우리가 은혜와 사도의 직분을 받아 그의 **이름**을 위하여 모든 이방인 중에서 믿어 순종하게 하나니"(롬 1:5). 선교는 하나님의 이름을 위하는 일입니다. 하나님의 영광을 사랑하는 마음, 하나님의 이름을 높이려는 마음에서 시작되는 일입니다. "이름이 거룩히 여김을 받으시오며!"라는 기도에 대한 응답입니다.

저는 위대하신 하나님을 보는 일에 교회 생활의 핵심이 있으며 목회적인 돌봄과 선교 사역의 핵심이 있다는 것을 깨달았습니다. 교인들은 하나님께 매료된 자의 설교를 들을 필요가 있습니다. 적어도 일주일에 한 번은 목소리를 높여 최고의 하나님을 보여주는 설교를 들을 필요가 있습니다. 하나님의 탁월하심이 눈앞에 펼쳐지는 것을 볼 필요가 있습니다. 로버트 머레이 맥체인Robert Murray M'Cheyene은 "우리 교인들에게 가장 필요한 것은 목사인 나의 거룩함이다"라고 했습니다.[1] 그렇습니다. 인간의 거룩함은 다름 아닌 하나님께 빠져 있는 삶, 하나님께 매료된 세계관을 가지고 사는 삶입니다.

하나님이야말로 설교의 필수 주제입니다. 그분의 위엄과 진리와 거룩하심과 의로우심과 지혜와 신실하심과 주권과 은혜야말로 설교의 필수 주제입니다. 그렇다고 실제 생활의 정말 중요한 문제들, 이를테면 부모의 자세나 이혼이나 에이즈나 폭식이나 텔레비전이나 성생활에 대해 설교하지 말아야 한다는 뜻은 아닙니다. 제가 하고 싶은 말은 그 모든 주제가 하나님의 거룩한 임재라는 주제 안에 곧장 흡수되어야 하고, 하나님을 지향하는 삶의 뿌리 또는 경건의 뿌리에 맞닿아 있어야 한다는 것입니다.

기독교 설교자의 임무는 세상에서 살아가는 방법에 대해 도덕적인 격려나 심리적인 위로를 해주는 것이 아닙니다. 그런 격려는 다른 이들도 해줄 수 있습니다. 그러나 하나님의 탁월한 아름다움과 위엄에 대해 주일마다 이야기해 주는 사람은 한 명도, 그야말로 단 한 명도 만나지 못하는 경우가 태반입니다. 위대한 옛 설교자 조나단 에드워즈가 보고 매료되었던 그 하나님을 보지 못해서 고생하는 이들이 너무나 많습니다.

교회 역사가인 마크 놀Mark Noll은 그 비극을 다음과 같이 묘사하고 있습니다.

에드워즈 이후로 미국 복음주의가 그리스도인의 삶을 그 근본부터 생각해 본 적이 없는 것은 미국 문화 전체가 그렇게 하기를 그만두었기 때문이다. 에드워즈의 경건은 부흥주의 전통에 남아 있고 신학은 학문적인 칼뱅주의에 남아 있지만, 하나님께 매료된 세계관이나 그 심원한 신학적 철학을 계승한 이는 없다. 에드워즈의 시각이 미국 기독교 역사에서 사라져 버린 것이야말로 비극이다.[2]

찰스 콜슨Charles Colson도 이 판단에 동의합니다.

서구 교회—세상 문화에 적응한 채 값싼 은혜에 감염되어 심히 표류하고 있는 교회—는 에드워즈의 도전에 심각하게 귀 기울일 필요가 있다. 이 세상에서 그리스도를 사랑하며 그리스도께 순종하는 자들의 기도와 사역이 승리를 거두려면, 조나단 에드워즈 같은 이의 메시지를 고수해야 한다고 믿는다.[3]

하나님의 메시지를 전하는 자들이 에드워즈의 "하나님께 매료된 세계관"을 회복하는 것은 세상의 큰 기쁨이요 만물을 새롭게 하시는 하나님께 깊이 감사할 일입니다.

이 책의 1부는 1988년 2월에 고든 콘웰 신학교의 '해롤드 오켕가Harold Ockenga 설교 강좌'에서 처음 전한 내용이고, 2부는 1984년 10월에 휘튼 칼리지의 '빌리 그레이엄Billy Graham 협회 설교 강좌'에서 처음 전한 내용입니다. 이러한 특권과 수고를 통해 그 누구보다 저 자신이 큰 유익을 얻었습니다. 저를 믿고 강연을 맡겨 줌으로써 기독교 설교자라는 고귀한 소명에 대한 제 생각을 펼칠 수 있게 해준 학교 임원들에게 공적인 감사의 말을 전합니다.

주일 아침마다 설교할 말씀을 주시고 하나님의 영광을 위해 그 말씀을 전할 열정을 주시는 하나님께 늘 감사드리고 있습니다. 오, 그러나 감정의 기복이 없는 것은 아닙니다. 아들 넷과 초판을 낸 이후 입양한 딸 하나, 늘 변함없는 저의 아내가 아파하며 눈물을 흘릴 때도 있습니다. 비판의 편지를 받으면 생살이 찢기는 듯한 고통을 느낍니다. 더 이상 설교할 수 없을 것처럼 심하게 낙심할 때도 있습니다. 그러나 완전히 탈진할 때든 기운이 넘칠 때든, 하나님이 말씀을 열어 주시고 마음으로 음미하게 하심으로 매주 설교할 수 있게 해주시는 것은 한량없는 선물이자 주권적인 은혜입니다. 저는 한 번도 설교를 사랑하는 마음을 잃지 않았습니다.

하나님은 그 자비하심으로 사람들의 도움도 받게 해주셨습니다. 찰스 스펄전Charles Spurgeon도 그랬습니다. 행복한 설교자에게는 이런 경험이 있게 마련입니다. 스펄전이 유럽 대륙을 방문했을 때 사역의 비결에 대한 질문을 받았습니다. 그는 잠시 가만있더니 이렇게 대답했습니다. "우리 교인들이 절 위해 기도하고 있습니다."[4] 제가 설교를 사랑하는 마음을 잃지 않을 수 있었던 비결도 여기 있으며, 매번 힘을 내서 다시 사역할 수 있었던 비결도 여기 있습니다. 제 모든 연약함과 부족함에도 불구하고 이 책 『하나님을 설교하라』를 쓸 수 있었던 것도 그분들의 기도 덕분이었습니다. 우리 교인들이 저를 위해 기도하고 있습니다. 애정과 감사의 마음으로 이 책을 그분들께 바칩니다.

이 책을 통해 하나님의 전령들이 다음과 같은 위대한 사도의 권면을 이루는 일에 마음을 드리게 되길 기도합니다.

만일 누가 말하려면
하나님 말씀을 하는 것같이 하고……
하나님이 공급하시는 힘으로 하는 것같이 하라.
이는 범사에 예수 그리스도로 말미암아
하나님이 영광을 받으시게 하려 함이니
그에게 영광과 권능이 세세에 무궁하도록 있느니라.
아멘.
베드로전서 4:11

1990년
존 파이퍼

1부

**왜 설교에서
하나님을 최고로 높여야 하는가**

1장 | 설교의 목적
하나님의 영광

1966년 9월, 저는 휘튼 칼리지 의예과 3학년으로 문학을 전공하고 있었습니다. 여름학기에 화학 과목을 막 이수하고 노엘(이제 제 아내가 된 지 35년이 넘었습니다)과 정신없이 연애하던 차에 전염성 단핵증에 걸려 전무후무할 정도로 심하게 앓았습니다. 그래서 의사가 학교 보건소에 석 주 동안 격리시켰는데, 그 석 주가 제 인생에서 가장 결정적인 기간이 되었습니다. 그때를 생각하면 하나님께 늘 감사하게 됩니다.

그 당시에 가을학기는 '심령수련회 주간'으로 시작되곤 했습니다. 1966년에 방문한 강사는 해롤드 오켕가였습니다. 저는 그때 처음이자 마지막으로 그의 설교를 들었습니다. 설교단에서 약 200미터 떨어진 병상에 누워, 대학 라디오 방송국에서 흘러나오는 설교를 들은 것입니다. 그리고 그 설교가 제 인생의 방향을 영원히 바꾸어 버렸습니다. 지금도 그 설교를 들었을 때 차오르는 갈망으로—'나도 저렇게 하나님의 말씀을 알고 싶고 전하고 싶다'라는 갈망으로—심장이 터질 듯했던 기억이 생생합니다. 하나님은 그의 메시지를 통해 저를 말씀 사역에 부르셨습니다. 그것은 거역할 수 없는 부르심, 변개할 수 없는 부르심이었습니다. 확신컨대, 하나님이 말씀 사역으로 부르셨는지 여부를 확인하는 주관적인 증거는(찰스 스펄전의 말을 인용하면) "그 일에 마음을 송두리째 빼앗길 정도로 강렬한 열망이 있느냐" 하는 것입니다.[1]

보건소에서 나온 저는 유기화학을 그만두고 철학을 부전공으로 신청했으며, 가능한 한 최고로 성경적이고 신학적인 교육을 받기로 결심했습니다. 그리고 그 후 거의 40년간 한 번도 그 부르심을 의심한 적이 없다고 확언할 수 있습니다. 그때처럼 지금도 분명하게 그 부르심이 제 마음속에 울려 퍼지고 있습니다. 하나님의 은혜로운 섭리—저를 구원하시고 말씀의 종으로 부르시며 20년이 지난 지금 고든 콘웰 신학교에서 '해롤드 오켕가 설교 강좌'라는 이름으로 강연하게 하신 섭리—를 생각하면 그저 경외감에 사로잡힐 뿐입니다.

강연 초청을 받은 것은 귀중한 특권이었습니다. 저는 이 강연이 저를 전혀 알지 못했던 오켕가 박사께 부끄러운 것이 되지 않길, 설교의 참된 효용성은 우리가 설교로 뿌린 모든 씨앗이 나무가 되고 그 가지마다 맺힌 모든 열매가 영원의 빛을 받아 무르익을 때에야 비로소 드러난다는 사실의 한 증거가 되길 기도했습니다.

이는 비와 눈이 하늘로부터 내려서

그리로 되돌아가지 아니하고 땅을 적셔서

소출이 나게 하며 싹이 나게 하여

파종하는 자에게는 종자를 주며 먹는 자에게는 양식을 줌과 같이

내 입에서 나가는 말도

이와 같이 헛되이 내게로 되돌아오지 아니하고

나의 기뻐하는 뜻을 이루며

내가 보낸 일에 형통함이니라.

이사야 55:10-11

오켕가 박사는 자신의 설교가 제 일생에 무슨 역할을 했는지 알지 못했습니다. 여러분도 명심해야 합니다. 하나님은 열매의 많은 부분을 숨겨 놓고 보여주시지 않습니다. 하나님의 복을 확신할 수 있을 만큼은 보여주시지만, 그 복 없이도 살 수 있다고 여길 만큼 많이 보여주시지는 않습니다. 설교를 통해 하나님이 하시는 일은 그분 자신을 높이는 것이지 설교자를 높이는 것이 아니기 때문입니다. 이제 우리는 '설교에서 하나님을 최고로 높이라'는 주제를 다루려고 합니다. 이 주제의 개요를 삼위일체에 따라 정리하면 이렇습니다.

- 설교의 목적: 하나님의 영광
- 설교의 토대: 그리스도의 십자가

• 설교의 은사: 성령의 능력

성부 하나님, 성자 하나님, 성령 하나님이 설교 사역의 시작이요 중간
이요 마지막입니다. 다음과 같은 사도의 말은 모든 목회 사역에 해당
되며, 특히 설교에 해당되는 것입니다. "이는 만물이 주에게서 나오
고 주로 말미암고 주에게로 돌아감이라. 그에게 영광이 세세에 있을
지어다"(롬 11:36).

스코틀랜드의 설교자 제임스 스튜어트James Stewart의 말을 빌려
설명해 보겠습니다. 모든 진정한 설교의 목표는 "하나님의 거룩하심
으로 양심을 일깨우고, 하나님의 진리로 정신을 먹이며, 하나님의 아
름다움으로 상상력을 정화시키고, 하나님의 사랑에 마음을 열게 하
며, 하나님의 목표에 의지를 바치게 하는 것"입니다.[2] 다시 말해서 하
나님 자신이 설교의 목적이자 토대시며, 성령이 그 사이에서 모든 수
단을 공급해 주십니다.

이 책을 통해 제가 하려는 일은 설교에서 하나님을 최고로 높이
라고 호소하는 것입니다. 하나님의 주권적인 은혜의 자유를 설교의
주조로 삼고, 하나님의 영광을 위한 열심을 일관된 주제로 삼으며, 하
나님의 무궁무진하심을 원대한 목표로 삼고, 하나님의 거룩하심이 전
체적인 분위기에 스며 나오게 하라고 호소하는 것입니다. 그러면 일
상의 주제(가족, 직장, 오락, 우정 등)를 다루든지 이 시대의 위기(에이
즈, 이혼, 중독, 우울증, 학대, 빈곤, 기아, 무엇보다 복음을 듣지 못하는 사람

들의 문제)를 다루든지 시종일관 하나님 앞에서 다룰 수 있습니다.

1923년까지 34년간 잉글랜드와 미국에서 설교했던 존 헨리 조웻John Henry Jowett은 로버트 데일Robert Dale, 호레이스 부쉬넬Horace Bushnell, 존 뉴먼John Newmen, 찰스 스펄전을 위대한 능력의 설교자로 보았습니다. 그는 이렇게 말합니다.

> 그들은 동네 창가에 머무는 것을 마다하지 않으면서도 늘 거리와 언덕을 이어 주었으며, 여러분의 영혼을 하나님의 영원한 언덕으로 보내서 그 위를 거닐 수 있게 해주었습니다.……우리의 설교에도 이러한 광활한 느낌, 무한한 것에 대한 지속적인 감각과 암시가 회복되어야 한다고 생각합니다.[3]

그때로부터도 한 세기가 지난 지금은 그 필요성이 열 배는 더 큽니다.

그렇다고 엘리트인 척하면서 철학적·지적 난제에 골몰해야 한다고 말하는 것이 아닙니다. 고교회파의 예배 형식을 좋아하는 미적인 사람들은 여러 복음주의 교회 예배에 나타나는 경박한 모습을 참기 힘들어 합니다. 저는 지금 그런 사람들처럼 되라는 것이 아닙니다. 찰스 스펄전은 지적인 엘리트와는 거리가 먼 사람이었습니다. 스펄전보다 더 대중적인 호소력을 발휘한 목사는 없을 것입니다. 그럼에도 그의 메시지는 하나님으로 충만했으며, 압도하는 존재감으로 꽉 차 있었습니다. 그는 말했습니다. "위대한 신학자가 나오지 않으면,

위대한 설교자도 나오지 않는다."⁴

잃어버린 영혼보다 위대한 사상에 대한 관심이 더 커서 이런 말을 한 것이 아닙니다. 그가 위대한 사상에 관심을 기울인 것은 잃어버린 영혼에 대한 사랑 때문이었습니다. 그보다 백 년 전 사람인 아이작 와츠Issac Watts도 마찬가지였습니다. 새뮤얼 존슨Samuel Johnson은 와츠에 대해 이렇게 말했습니다. "영혼에 대한 끊임없는 관심 때문에, 그의 손에 잡히는 것은 무엇이든 신학이 되었다."⁵ 제가 말하려는 바는, 와츠가 이처럼 모든 것을 하나님과의 관계에 비추어 생각했던 것은 사람들에게 관심이 있었기 때문이라는 것입니다.

만약 존슨이 오늘날 살아 있다면 현대 설교의 대부분에 대해 다음과 같이 말하지 않을까 생각합니다. "적실성에 대한 끊임없는 관심 때문에 설교자의 손에 잡히는 것은 무엇이든 심리학이 되고 있다." 이처럼 신학의 신경이 끊어져 버린 탓에, 설교의 위대한 목표를 잃었을 뿐 아니라 심리학도 가치 있게 사용하지 못하고 있습니다. 사람들이 하나님 중심의 설교God-centered preaching에 변함없는 가치가 있다는 점을 의심하는 중대한 이유 한 가지는 바로 그런 설교를 직접 들어 보지 못했다는 데 있다고 생각합니다. J. I. 패커Packer는 1948-1949년에 주일 저녁마다 웨스트민스터 채플에서 마틴 로이드 존스Martyn Lloyd-Jones의 설교를 들었던 경험을 이야기합니다. 전에는 그런 설교를 들어 보지 못했다는 것입니다. 마치 전기에 감전된 것 같은 충격과 놀라움을 느꼈다는 것입니다. 그는 로이드 존스가 "다른 누구보다 하나

님을 느끼게" 해주었다고 했습니다.[6]

　오늘날 사람들이 예배에서 몰아낸 것이 바로 이것 아닙니까? 하나님에 대한 인식이 사라지고 없지 않습니까? 주권적인 은혜의 분위기, 눈앞에서 펼쳐지는 영광의 주제, 무한하신 하나님의 원대한 목표를 이제는 찾아볼 수 없지 않습니까? 과연 일주일에 한 시간이라도—이것이 지나친 기대는 아닐 것입니다—하나님의 거룩한 분위기 속에 들어감으로, 일주일 동안 그 여운을 느끼며 살고 있습니까?

　300년 전에 뉴잉글랜드에서 사역했던 코튼 매더Cotton Mather는 "기독교 설교자의 직무에 담긴 중대한 목적과 의도는 인간의 영혼에 하나님의 왕권과 통치를 회복시키는 것이다"라고 했습니다.[7] 이것은 단순한 수사적 표현이 아닙니다. 설교와 관련된 성경의 중대한 본문—하나님을 최고로 높이는 설교의 성경적 토대와 연결되는 본문—을 신중하고 정확하게 해석한 끝에 나온 결론입니다. 매더의 진술 배후에 있는 본문은 바로 로마서 10:14-15입니다.

> 그런즉 그들이 믿지 아니하는 이를 어찌 부르리요. 듣지도 못한 이를 어찌 믿으리요. 전파하는 자가 없이 어찌 들으리요. 보내심을 받지 아니하였으면 어찌 전파하리요. 기록된 바 아름답도다 좋은 소식을 전하는 자들의 발이여 함과 같으니라.

이 본문에 따르면 설교란 '하나님이 보내신 사자가 좋은 소식을 전하는 일'이라고 정의 내릴 수 있습니다(여기서 '전하는 일'은 14절의 '케루손토스'[kērussontos]를, '좋은 소식'은 15절의 '유앙겔리조메논 아가타'[euangelizomenōn agatha]를, '보내신 사자'는 15절의 '아포스탈로신'[apostalōsin]을 번역한 것입니다).

여기서 핵심적인 질문은 이것입니다. 설교자가 전하는 것이 무엇입니까? 여기서 말하는 좋은 소식이 무엇입니까? 15절은 이사야 52:7을 인용한 말씀이니, 그 본문으로 돌아가 이사야의 정의를 직접 들어 보는 것이 좋겠습니다. 설교에 담긴 중대한 목적에 대해 코튼 매더가 이 구절에서 들은 내용이 무엇인지 알아봅시다.

좋은 소식을 전하며
평화를 공포하며 복된 좋은 소식을 가져오며
구원을 공포하며
시온을 향하여 이르기를 네 하나님이 통치하신다 하는 자의
산을 넘는 발이 어찌 그리 아름다운가.

설교자가 전할 좋은 소식, 설교자가 공포해야 할 구원과 평화를 한 문장으로 압축하면 바로 이것입니다. "네 하나님이 통치하신다!" 코튼 매더가 이 말을 설교자에게 적용한 것은 지당한 일입니다. "기독교 설교자의······원대한 목적과 의도는 사람의 영혼에 하나님의 왕권과 통치를 회복시키는 것이다."

이사야의 시대든 예수님의 시대든 우리 시대든, 모든 예언자적 설교자prophet-preacher의 입에서 나오는 메시지의 기조는 바로 "네 하나님이 통치하신다!"라는 것입니다. 하나님은 우주의 왕이십니다. 이 세상과 세상에 사는 모든 인간의 창조자로서 절대적인 권한을 가지고 계십니다. 그러나 곳곳에서 반란과 반역이 일어나고 있고, 수백만 명이 그분의 권위를 조롱하고 있습니다. 그래서 주님이 설교자들을 세상에 보내 "하나님이 통치하신다. 그분은 자신의 영광이 조롱당하는 고통을 무한정 참지 않으실 것이며, 크고 무서운 진노로 오명을 씻어 내실 것이다. 그러나 지금 반역에서 돌이켜 그분의 자비를 구하며, 보좌 앞에 엎드려 영원한 충성과 헌신을 맹세하는 자들은 값없이 온전히 사면해 주실 것이다"라고 외치게 하시는 것이며, 아들의 피로 이 사면을 보증하시는 것입니다.

매더의 말이 전적으로 옳습니다. 기독교 설교자의 중대한 목적은 인간의 영혼에 하나님의 왕권과 보좌를 회복시키는 것입니다. 그 이유가 무엇입니까? 우리가 매더보다 더 깊은 차원에서 살펴볼 수 있을까요? 하나님은 무엇 때문에 권위에 복종하라고 명하시면서 사면의 은혜를 약속하시는 것입니까?

이사야는 좀 더 앞에 나오는 본문인 48:9-11에서 이 질문에 대답하고 있습니다. 하나님은 이스라엘에게 자비를 베풀겠다고 하시면서 이렇게 말씀하십니다.

내 이름을 위하여 내가 노하기를 더디할 것이며

내 영광을 위하여 내가 참고 너를 멸절하지 아니하리라.

보라. 내가 너를 연단하였으나 은처럼 하지 아니하고

너를 고난의 풀무 불에서 택하였노라.

나는 나를 위하며 나를 위하여 이를 이룰 것이라.

어찌 내 이름을 욕되게 하리요.

내 영광을 다른 자에게 주지 아니하리라.

하나님이 왕으로서 주권적으로 자비를 베푸시는 배후에는, 자신의 이름을 높이고 영광을 나타내시려는 확고한 열정이 자리 잡고 있습니다.

　우리는 매더가 말한 요점보다 더 깊은 차원에서 살펴볼 수 있습니다. 하나님이 왕으로서 통치에 헌신하시는 배후에는 자신의 영광이 세상에 가득 찰 그날을 위한 더 깊고 근본적인 헌신이 자리 잡고 있습니다(민 14:21, 시 57:5; 72:19, 사 11:9, 합 2:14). 이 사실은 설교에 엄청난 영향을 끼칩니다. 세상을 향한 하나님의 가장 심원한 목적은 모든 족속과 방언과 백성과 나라 가운데서 피로 사신 새로운 인류의 삶에 울려 퍼지는 영광으로 땅을 가득 채우시는 것입니다(계 5:9).[8] 그러나 하나님의 권위에 복종하기 싫어 웅크리거나 왕의 영광 앞에서도 기뻐하지 않는 자들의 마음은 그분의 영광을 밝게 반영할 수가 없습니다.

이 사실이 설교에 끼치는 영향은 분명합니다. 하나님이 특사를 보내 "네 하나님이 통치하신다!"라고 선포하게 하신 것은 강제력을 사용해서 억지로 복종시키기 위해서가 아닙니다. 도저히 거부할 수 없는 영광의 나타남에 넋을 잃고 끌리게 하시기 위해서입니다. 왕의 가치와 영광을 온전히 반영하는 복종은 기쁨의 복종입니다. 마지못한 복종은 왕을 깎아내리는 것입니다. 신하의 기쁨이 없으면 왕의 영광도 없는 것입니다.

예수님이 마태복음 13:44에서 말씀하신 바가 바로 이것입니다. "천국[통치, 다스림]은 마치 밭에 감추인 보화와 같으니 사람이 이를 발견한 후 숨겨 두고 기뻐하며[기쁨으로 왕권에 복종하고 그 영광과 가치를 즐거워하며] 돌아가서 자기의 소유를 다 팔아 그 밭을 사느니라." 천국이 보화라면 거기 복종하는 것은 당연히 기쁨입니다. 역으로, 천국에 기쁘게 복종한다는 것은 천국을 보화처럼 영화롭게 여긴다는 의미입니다. 따라서 설교의 목적이 하나님을 영화롭게 하는 데 있다면, 사람들로 하여금 즐겁게 그 나라에 복종하게 해야지 억지로 복종하게 해서는 안 됩니다.

바울은 고린도후서 4:5에서 "우리는 우리를 전파하는 것이 아니라 오직 그리스도 예수의 주되신 것"을 전파한다고 말합니다. 그리고 6절에서 그리스도의 주되심을 선포하는 근거—왕이신 예수님의 통치 및 권위의 근거—를 밝히면서 설교의 본질을 이야기합니다. 그 본질은 바로 "예수 그리스도의 얼굴에 있는 하나님의 영광을 아는 빛"입니다. 그리스도의 주되심에 복종함으로써 그의 한없는 가치를 온전히 드러내며 그 아름다움을 반영할 때, 인간의 영혼은 아들의 얼굴에 있는 하나님의 영광을 겸손히 기뻐하게 됩니다.

복음의 놀라운 소식, 이 죄인이 발견한 가장 큰 자유의 소식은 영광을 받기 위한 하나님의 가장 깊은 헌신과 만족을 얻고자 하는 나의 가장 깊은 갈망은 서로 충돌하지 않는다는 것입니다. 오히려 하나님의 영광이 절정에 이를 때, 그 영광을 즐거워하는 나의 기쁨도 절정에 이릅니다.[9] 이처럼 설교의 목적은 하나님의 영광이 즐겁게 복종하는 인간의 마음에 반영되는 것입니다. 하나님을 최고로 높이는 설교를 하도록 보장해 주는 사실이 여기 있습니다. "만족하는 이가 영광을 얻으며, 기쁨을 주는 이는 보화가 된다."

2장 | 설교의 토대
그리스도의 십자가

설교는 하나님이 보내신 사자가 좋은 소식을 전하는 일입니다. 그 좋은 소식은 이것입니다.

하나님이 다스리신다.

하나님은 영광을 계시하기 위해 다스리신다.

하나님의 영광은 피조물이 기쁨으로 복종할 때 가장 온전히 계시된다.

그러므로 영광 받고자 하시는 하나님의 열심과 만족하고자 하는 우리의 갈망은 궁극적으로 충돌하지 않는다.

언젠가 주님의 영광이 세상을 가득 채울 것이며, 모든 민족과 방언과 족속과 나라 중에서 구속함을 받은 교회의 열렬한 예배에 메아리치며 울려 퍼질 것이다.

설교의 목적은 그리스도 안에 있는 하나님의 영광이 자발적으로 복종하는 피조물에게 반영되는 것입니다.

그런데 이 목적을 이루기 위해서는 두 가지 큰 문제, 곧 하나님의 의와 인간의 교만이라는 문제가 해결되어야 합니다. 하나님의 의는 하나님 자신의 영광을 높이시려는 흔들림 없는 열심입니다.[1]

하나님께는 의가 있고, 인간에게는 죄가 있습니다. 이것이 창세기 3장의 요점입니다. 유혹을 통해 죄가 세상에 들어왔는데, 그 유혹의 본질은 "너희가 하나님 같이 되리라"라는 것이었습니다. 이 점에서 볼 때 부패의 본질은 하나님을 모방하려는 노력에 있습니다.

우리 조상들도 그 때문에 타락했고, 우리도 그 때문에 그들 안에서 타락했습니다. 그리고 그것은 우리의 본질이 되었습니다. 우리는 원래 세상에서 하나님의 영광을 반영해야 하는 하나님의 형상입니다. 그런데 그 빛에 등을 돌리고 우리의 어두운 그림자와 사랑에 빠져, 땅에 비친 그 그림자야말로(기술의 진보, 경영 기법, 뛰어난 운동 실력, 학문적 성취, 성적인 매력, 반문화적인 머리 모양이야말로) 영광스럽고 만족스러운 것이라고 믿기 위해 필사적으로 애쓰고 있습니다. 이처럼 자랑스럽게 자기 자신과 연애에 빠짐으로써 (우리가 의식하든 그렇지 못하든!) 영광의 가치를 멸시하고 있습니다.

우리가 교만으로 인해 하나님의 영광을 멸시할 때, 하나님은 그분의 의로 인해 진노를 쏟으실 수밖에 없습니다.

그날에 눈이 높은 자가 낮아지며 교만한 자가 굴복되고
여호와께서 홀로 높임을 받으시리라.

어찌 내 이름을 욕되게 하리요.
내 영광을 다른 자에게 주지 아니하리라.

오만한 자의 눈도 낮아질 것이로되……
거룩하신 하나님은 공의로우시므로 거룩하다 일컬음을 받으시리니.

넘치는 공의로 파멸이 작정되었음이라.

이사야 2:11; 48:11; 5:15-16; 10:22

설교의 목적은 그리스도 안에 있는 하나님의 영광이 자발적으로 복종하는 피조물에게 반영되는 것입니다. 그런데 이 목적을 실현하기 위해 극복해야 할 장애물이 하나님 쪽에도 있고 인간 쪽에도 있습니다. 인간의 교만은 하나님의 영광을 기뻐하지 않고, 하나님의 의는 그 영광이 조롱당하는 것을 참지 못합니다.

이러한 설교의 목적이 실현될 가능성이 있을까요? 하나님이 하나님으로 만족하는 인간 안에서 영광을 받으시는 일이 과연 일어날 수 있을까요? 죄인을 대적하는 하나님의 의가 과연 누그러질 수 있을까요? 인간의 교만이 꺾여서 그 허영심을 버리고 하나님의 영광으로 만족하는 일이 일어날 수 있을까요? 이러한 소망의 근거로 삼을 것이 있을까요? 타당한 설교, 소망이 넘치는 설교의 토대가 있을까요?

있습니다. 하나님은 그리스도의 십자가 안에서 설교의 두 가지 장애물을 해결하셨습니다. 십자가는 '인간의 교만에 대한 하나님의 의로운 대적對敵'이라는 객관적이고 외적인 장애물을 해결했고, '하나님의 영광에 대한 인간의 교만한 대적'이라는 주관적이고 내적인 장애물도 해결했습니다. 그럼으로써 설교와 관련하여 객관적 타당성의 토대가 되었고, 주관적 겸손의 토대가 되었습니다.

이제 이 토대를 한 가지씩 살피면서 성경의 증거를 찾아봅시다.

1. 십자가, 타당성의 토대

설교의 가장 근본적인 문제는, 하나님의 완전한 의를 알면서 어떻게 죄인에게 소망을 선포할 수 있느냐 하는 것입니다. 물론 인간 자신은 이것이 가장 심각한 문제임을 알지 못합니다. 절대 알지 못합니다.

몇 년 전, 이 점을 설득력 있게 지적하는 R. C. 스프라울Sproul의 설교를 테이프로 들은 적이 있습니다. 그 설교의 제목은 '정말 놀라야 할 일'The Misplaced Locus of Amazement이었고, 본문은 누가복음 13:1-5이 었습니다. 어떤 이들이 예수님께 나아와 빌라도가 제물에 갈릴리 사람들의 피를 섞었다고 했습니다. 그 말에 예수님은 지독할 만큼 냉정하게 대답하셨습니다. "너희는 이 갈릴리 사람들이 이같이 해 받으므로 다른 모든 갈릴리 사람보다 죄가 더 있는 줄 아느냐. 너희에게 이르노니 아니라. 너희도 만일 회개하지 아니하면 다 이와 같이 망하리라." 다시 말해서 "빌라도가 갈릴리 사람 몇 명을 죽였다고 놀라느냐? 정말 놀라야 할 일은 너희가 다 죽지 않고 살아 있다는 것이며, 회개하지 않으면 언젠가 다 죽는다는 것이다."

스프라울은 여기서 인간과 하나님 사이의 문제를 바라보는 자연인의 관점과 성경적 관점의 해묵은 차이를 지적하고 있습니다. 인간 중심적인 사람은 하나님이 피조물의 생명과 기쁨을 거두어 가신다는 사실에 놀라지만, 하나님 중심적인 성경은 하나님이 죄인들을 심판하시지 않는다는 사실에 놀랍니다. 여기서 알 수 있는 한 가지 사실은 '설교란 세상이 아닌 성경의 지시를 따르는 사람들로서, 많은 청중이 그 존재도 알지 못하고 필요성도 느끼지 못하는 영적 실재와 늘 씨름해야 한다'는 것입니다. 여기서 요점은 이것입니다. 설교의 근본 문제는—우리 시대처럼 인간 중심적인 시대가 이 문제를 느끼든 느끼지 못하든 상관없이—하나님의 완전한 의를 알면서 어떻게 죄인들에게 소망을 선포할 수 있느냐 하는 것입니다.

이 문제에 대한 영광스러운 해결책이 바로 그리스도의 십자가입니다. 로마서 3:23-26은 이 점을 아주 분명하게 설명해 주고 있습니다.

모든 사람이 죄를 범하였으매 하나님의 영광에 이르지 못하더니[그들은 하나님의 영광을 피조물의 영광과 바꾸었다(롬 1:23 참고)], 그리스도 예수 안에 있는 속량으로 말미암아 하나님의 은혜로 값없이 의롭다 하심을 얻은 자 되었느니라. 이 예수를 하나님이 그의 피로써[십자가로써] 믿음으로 말미암는 화목제물로 세우셨으니 이는 하나님께서 길이 참으시는 중에 전에 지은 죄를 간과하심으로 자기의 의로우심을 나타내려 하심이니 곧 이때에 자기의 의로움을 나타내사 자기도 의로우시며 또한 예수 믿는 자를 의롭다 하려 하심이라.

이 놀라운 본문이 말하는 바는 십자가가 설교의 근본 문제를 해결했다는 것입니다. 십자가가 없다면 하나님의 의는 오직 죄인을 정죄하는 모습으로만 나타날 것이며, 설교의 목적은 실현되지 못할 것이고, 하나님은 죄인인 피조물의 기쁨을 통해 영광을 받지 못하실 것입니다. 그분의 의는 오직 인간의 멸망으로만 입증될 것입니다.

그러나 본문은 모든 이가 하나님의 영광을 조롱함에도 불구하고(롬 3:23에 따르면), 하나님의 의는 그분의 영광을 지키는 일에 흔들림 없이 헌신하는 것임에도 불구하고(롬 3:25에 암시되었듯이), 하나님이 자기 영광의 가치를 입증하시는 동시에 그 영광을 조롱하는 죄인들에게도 소망을 줄 방법을 계획하셨다고 말합니다. 그것이 바로 아들의 죽음입니다. 나의 교만으로 훼손된 하나님의 영광을 회복하시기 위해 아들의 죽음이라는 어마어마한 값을 지불하신 것입니다.

자존감을 중시하는 현대의 예언자들은 십자가야말로 우리의 무한한 가치를 입증하는 증거라고, 우리를 얻기 위해 하나님이 기꺼이 비싼 값을 치르셨다고 말합니다. 그러나 그것은 십자가의 의미를 형편없이 왜곡하는 말입니다. 성경적으로 볼 때 십자가는 영광의 가치가 얼마나 엄청난 것인지 보여주는 증거이자 교만의 죄가 얼마나 지대한 것인지를 보여주는 증거입니다. 우리가 정말 충격을 받아야 할 사실은, 아들의 죽음으로 입증해야 할 만큼 엄청난 하나님의 가치를 우리가 멸시했다는 것입니다. 십자가는 하나님의 엄청난 가치와 죄의 엄청난 만행을 보여주는 증거입니다.

제 바람은 여러분이 이런 사실들을 보면서, 하나님이 그리스도의 십자가에서 이루신 일이 바로 설교의 근거이자 토대임을 깨닫는 것입니다. 십자가가 없으면 설교는 타당성을 잃습니다. 설교의 목적에 담긴 모순—죄인의 기쁨이 하나님의 영광을 더 크게 나타내는 것—은 해결되지 못합니다. 십자가는 결코 어울릴 수 없을 것 같은 이두 측면, 하나님의 영광을 입증하고 높이는 일과 죄인의 소망과 기쁨과 즐거움을 하나로 묶어 줍니다.

우리는 1장에서 설교란 좋은 소식을 전하는 일로서, 영광을 받으시려는 하나님의 열심과 만족을 얻으려는 우리의 갈망은 궁극적으로 충돌하지 않는다는 사실을 알았습니다. 그리고 2장에서는 이러한 선포의 토대가 바로 그리스도의 십자가임을 살펴보았습니다. 설교에서 다루는 모든 내용을 밑에서 떠받쳐 주고 있는 것이 바로 이복음입니다. 십자가가 없으면, 죄인의 기쁨을 통해 의로우신 하나님께 영광을 돌리고자 하는 설교는 그 타당성을 잃고 맙니다.

자, 타당성의 토대가 되는 십자가를 살펴보았으니, 이제 겸손의 토대가 되는 십자가를 살펴봅시다.

2. 십자가, 겸손의 토대

십자가는 설교자와 회중의 교만을 못 박는 하나님의 능력이라는 점에서 겸손의 토대가 됩니다. 신약성경에서 십자가는 과거에 객관적인 대속이 이루어진 자리일 뿐 아니라 현재 주관적인 처형이 이루어지는 자리—자기 자신을 의지하는 마음과 사람의 칭찬을 연모하는 마음을 처형하는 자리—이기도 합니다. "그러나 내게는 우리 주 예수 그리스도의 십자가 외에 결코 자랑할 것이 없으니 그리스도로 말미암아 세상이 나를 대하여 십자가에 못 박히고 내가 또한 세상을 대하여 그러하니라"(갈6:14).

십자가의 못 박는 능력을 가장 잘 설명해 주는 본문은 바울이 자신의 설교에 대해 이야기하는 본문입니다. 설교와 관련된 본문 중에 고린도전서 1-2장보다 더 중요한 것이 있을지 의문입니다. 바울은 설교의 목표를 실현하는 데 가장 큰 장애물이 고린도 사람들의 교만이었다고 말합니다. 그들은 웅변술과 지적인 기량과 철학적인 분위기에 빠져 있었고, 각자 좋아하는 교사를 지지하며 사람을 자랑했습니다. "나는 바울의 제자다!" "나는 아볼로의 제자다!" "나는 게바의 제자다!"라고 주장했습니다.

바울은 자신의 목표를 소극적으로도 밝히고(고전 1:29, "이는 아무 육체도 하나님 앞에서 자랑하지 못하게 하려 하심이라"), 적극적으로도 밝힙니다(고전 1:31, "자랑하는 자는 주 안에서 자랑하라"). 다시 말해서 그는 영광에 환호하며 위대한 것을 기뻐할 때 찾아오는 크나큰 만족감을 부인하지 않습니다. 사실 우리는 그런 즐거움을 위해 지음 받은 사람들입니다. 또한 그는 우리가 사람이 아닌 주님을 자랑할 때, 그 영광과 위대함이 그분께로 돌아간다는 사실도 부인하지 않습니다. 그러니 주 안에서 자랑함으로써 자랑하고픈 욕망을 실컷 채우라고 말합니다.

바울의 목표―고린도 교인들의 기뻐하는 마음과 하나님에 대한 자랑에 그의 영광이 반영되는 것―가 곧 기독교 설교의 목표입니다. 그런데 교만이 그 길을 가로막습니다. 바울은 이 장애물을 제거하기 위해 십자가가 자신의 설교에 어떤 영향을 끼쳤는지 이야기합니다. 그가 말하는 요점은 "십자가의 도"(고전 1:18)야말로 인간―설교를 하는 자와 듣는 자―의 교만을 깨뜨려서 자기 자신이 아닌 하나님의 자비를 기쁘게 의지하게 만드는 능력이라는 것입니다.

본문에서 몇 가지 예를 더 찾아보겠습니다. "그리스도께서 나를 보내심은 세례를 베풀게 하려 하심이 아니요 오직 복음을 전하게 하려 하심이로되 말의 지혜로 하지 아니함은 그리스도의 십자가가 헛되지 않게 하려 함이라"(고전 1:17). 웅변술을 발휘하며 철학적인 지혜를 과시하는 것이 왜 십자가를 헛되게 하는 일일까요? 십자가에 못 박혀야 할 인간의 자랑을 오히려 부추기기 때문입니다. "십자가는 겸손의 토대"라는 말에 담긴 의미가 바로 이것입니다.

고린도전서 2:1에 나오는 동일한 요점도 살펴보십시오. "형제들아 내가 너희에게 나아가 하나님의 증거를 전할 때에 말과 지혜의 아름다운 것으로 아니하였나니." 다시 말해서 자신의 웅변 실력과 지식을 과시하지 않았다는 것입니다. 왜 그랬을까요? 설교할 때 이렇게 처신한 이유가 무엇입니까? 2절이 분명하게 대답하고 있습니다. "내가 너희 중에서 예수 그리스도와 그가 십자가에 못 박히신 것 외에는 아무것도 알지 아니하기로 작정하였음이라."

저는 이 말이 바울 스스로 십자가의 못 박는 능력에 푹 잠김으로써, 자신의 모든 말과 행동과 설교에서 죽음의 향기—자신을 의지하는 마음이 죽고 교만이 죽고 사람을 자랑하는 마음이 죽었음을 알리는 향기—가 풍겨 나게 하기로 작정했다는 뜻이라고, 그럼으로써 그들이 찾던 생명이 바로 그리스도의 생명이고 그들이 찾던 능력이 바로 그리스도의 능력임을 알리려 한 것이라고 생각합니다.

그 이유가 무엇일까요? 바울은 왜 자신이 아니라 그 능력을 알리고 싶어 한 것입니까? 5절에 대답이 나옵니다. "너희 믿음이 사람의 지혜에 있지 아니하고 다만 하나님의 능력에 있게 하려 하였노라." 다시 말해서 사람들이 하나님을(설교자가 아니라!) 신뢰함으로 그분을 존귀케 하기를 원했기 때문입니다. 설교의 목적이 바로 여기 있습니다!

제 결론은 그리스도의 십자가가 설교에 타당성의 기초를 제공해 줄 뿐 아니라—죄인들의 즐거운 복종을 통해 의로우신 하나님이 영광을 받으실 수 있고 또한 영광을 받으시리라는 좋은 소식을 전할 수 있게 해줄 뿐 아니라—겸손의 기초 또한 제공해 준다는 것입니다.

십자가는 과거에 일어난 대속의 사건이자 현재 일어나고 있는 처형의 경험입니다. 십자가는 설교에서 하나님의 영광을 높이는 동시에 설교자 속에 있는 인간의 교만을 억제합니다. 십자가는 우리 교리의 기초이자 처신의 기초입니다. 바울은 여기서도 더 나아가 십자가에 못 박히지 않은 설교자의 설교는 무효라고 말합니다(고전 1:17). 설교하는 우리가 어떤 사람이냐 하는 것이 설교하는 말에 결정적인 영향을 끼칩니다. 이런 이유로 3장에서는 성령의 능하게 하시는 능력을 살펴보고, 4장에서는 설교의 진지함과 즐거움에 대해 살펴보려고 합니다.

3장 | 설교의 은사
성령의 능력

하나님을 최고로 높이는 설교를 하려면, 하나님의 영광을 크게 드러내고 나타내는 것을 일관된 목적으로 삼고(1장), 설교의 모든 필요를 채우는 아들의 십자가를 통해 타당하고 겸손한 설교를 하며(2장), 성령의 주권적인 역사를 통해 모든 목적을 이룰 수 있는 능력을 얻어야 합니다(3장).

설교는 전적으로 성령께 달린 일입니다! 모든 진정한 설교는 절망감의 뿌리에서 자라나게 마련입니다. 여러분도 주일 아침에 눈을 뜨면 한편에서는 지옥의 연기 냄새를 맡고, 또 한편에서는 천국의 상쾌한 산들바람을 느낄 것입니다. 서재에 들어가 자신의 초라한 설교 원고를 보면서 엎드려 이렇게 부르짖을 것입니다. "오 하나님, 너무나 빈약합니다! 대체 제가 뭐라고 이 일을 하겠습니까! 이렇게 빈약한 말이 세 시간 후면 죽은 자에게 사망의 냄새가 되고 산 자에게 생명의 냄새가 된다니(고후 2:16) 너무 뻔뻔한 것만 같습니다! 나의 하나님, 누가 감히 이 일을 감당하겠습니까?"

필립스 브룩스Phillips Brooks는 젊은 설교자들을 상담할 때 이런 말을 하곤 했습니다. "스스로 사역에 합당하다고 생각지 마십시오. 그런 생각에 점점 빠지고 있다면 두려워하십시오."[1] 여러분이 두려워해야 하는 한 가지 이유는, 하나님 아버지가 여러분을 꺾으시고 낮추실 것이기 때문입니다. 하나님이 여러분을 설교 사역에 합당한 자로 만드시기 위해 바울에게 쓰신 방법과 다른 방법을 쓰실 이유가 무엇이 있습니까?

> 힘에 겹도록 심한 고난을 당하여 살 소망까지 끊어지고 우리는 우리 자신이 사형 선고를 받은 줄 알았으니 이는 우리로 자기를 의지하지 말고 오직 죽은 자를 다시 살리시는 하나님만 의지하게 하심이라.
> 고린도후서 1:8-9

> 여러 계시를 받은 것이 지극히 크므로 너무 자만하지 않게 하시려고 내 육체에 가시……를 주셨으니.
> 고린도후서 12:7

설교 사역에는 설교자 자신을 의지하고 높이게 만드는 아주 교묘한 위험이 도사리고 있기 때문에, 자기 확신에 빠지거나 직업적인 기술을 멋대로 사용하지 못하도록 꺾어 놓을 필요가 있다고 여기실 때 하나님은 우리를 치십니다.

그래서 바울은 설교하려 할 때마다(고전 2:3에서 밝히듯이) "약하고 두려워하고 심히 떨"면서 주님의 영광 앞에 경외하는 자세로 섰으며, 타고난 교만을 깨고 그리스도와 함께 십자가에 못 박힌 채 자신의 지식과 웅변술을 과시하지 않았습니다. 그러자 어떻게 되었습니까? 성령과 능력이 나타났습니다(고전 2:4)!

이처럼 우리의 설교에 성령과 능력이 나타나지 않는다면, 아무리 많은 사람이 우리의 설득력에 감탄하고 예화를 좋아하며 교리를 배운다 해도 영속적인 가치가 있다고 할 수 없습니다. 설교의 목적은 기쁘게 복종하는 백성에게 하나님의 영광이 반영되는 것입니다. 설교는 분명히 인간이 하는 것인데, 어떻게 하나님이 영광을 받으신다는 것일까요? 베드로전서 4:10-11에 굉장한 답변이 나옵니다.

각각 은사를 받은 대로 하나님의 여러 가지 은혜를 맡은 선한 청지기 같이 서로 봉사하라. 만일 누가 말하려면 하나님의 말씀을 하는 것같이 하고 누가 봉사하려면 하나님이 공급하시는 힘으로 하는 것같이 하라. 이는 범사에 예수 그리스도로 말미암아 하나님이 영광을 받으시게 하려 함이니 그에게 영광과 능력이 세세에 무궁하도록 있느니라. 아멘.

다시 말해서 말하거나 봉사할 때 하나님의 말씀을 하고 하나님의 능력을 의지하면 그분의 영광이 나타난다는 것입니다. 또 달리 표현하면 하나님이 친히 설교의 과제도 주시고 능력도 주심으로 영광을 받으신다는 것입니다. 그러므로 설교의 목적을 이루려면 오직 성령이 주시는 말씀을 성령이 주시는 능력으로 설교해야 합니다.

이제 설교의 이 두 측면, 곧 성령의 영감으로 주시는 하나님의 말씀과 성령의 기름부음으로 주시는 하나님의 능력을 중점적으로 살펴보도록 합시다. 우리가 모든 겸손과 온유로 성령의 말씀과 성령의 능력에 의지하는 법을 배우지 못하는 한, 하나님은 우리의 설교에서 영광을 받지 못하실 것입니다.

1. 성령의 말씀(성경)이라는 은사에 의지하라

오, 설교에서 성경을 사용하는 일에 대해 할 말이 얼마나 많은지 모릅니다! 설교에서 성령을 의지한다는 것은 곧 "모든 성경은 하나님의 감동으로 된 것으로 교훈과 책망과 바르게 함과 의로 교육하기에 유익하니"(딤후 3:16)라는 말씀을 진심으로 믿는다는 뜻입니다. "예언[벧후 1:19의 맥락으로 볼 때 성경을 가리킵니다]은 언제든지 사람의 뜻으로 낸 것이 아니요 오직 성령의 감동하심을 받은 사람들이 하나님께 받아 말한 것"(벧후 1:21)이라는 말씀을 믿는다는 뜻입니다. 성경 말씀은 "사람의 지혜가 가르친 말"이 아니라 "오직 성령께서 가르치신 것"(고전 2:13)임을 굳게 확신한다는 뜻입니다. 설교는 성경을 하나님의 영감으로 된 무오한 말씀으로 존중하는 곳에서 번성합니다. 반면에, 가치 있는 종교적 통찰의 기록쯤으로 여기는 곳에서는 사장됩니다.

물론 성경을 무오한 말씀으로 믿는다고 자동적으로 설교가 번성하는 것은 아닙니다. 오늘날 복음주의자들 사이에는 성경적인 설교의 권위와 능력이 훼손되기 딱 좋은 흐름들이 나타나고 있습니다. 명제화된 계시를 경시하는 주관적 인식론이 있습니다. 모호하게 해석하도록 분위기를 조성하는 언어학 이론들이 있습니다. 성경의 가르침 가운데 불편한 것은 슬쩍 넘어가는 대중적·문화적 상대주의도 있습니다.

이런 흐름들이 뿌리를 내릴 때 더 이상 교회에서 성경을 들을 수 없게 되고, 설교는 최근의 화제를 돌아보며 종교적인 견해를 피력하는 일로 전락하게 됩니다. 바울이 디모데에게 명한 설교는 분명 이런 것이 아닙니다. "하나님 앞과 살아 있는 자와 죽은 자를 심판하실 그리스도 예수 앞에서 그가 나타나실 것과 그의 나라를 두고 엄히 명하노니 너는 말씀을 전파하라"(딤후 4:1-2). 말씀! 이것이 핵심입니다. 기독교의 모든 설교는 성경 본문을 강해하고 적용하는 것이어야 합니다. 하나님이 보내신 설교자의 권위는 성경 본문에 명백히 충성하느냐 아니냐에 따라 세워질 수도 있고 무너질 수도 있습니다. 제가 굳이 명백히라는 말을 쓴 것은, 자신들의 주장이 분명히―명백히―

성경에 근거한 것이 아님에도 불구하고 강해를 한다고 말하는 설교자들이 너무 많기 때문입니다. 그들은 어떤 근거로 그런 주장을 하는지, 교인들 스스로 찾아볼 수 있도록 분명한 성경구절을 제시하지 않습니다.

젊은 설교자들이 자신들의 설교를 비평해 달라고 요청할 때 제가 지적하는 가장 큰 문제는, 자신들이 강조하는 요점의 근거 구절을 제시하지 않는다는 것입니다. 본문의 취지를 파악한 후 30분 정도 자기 이야기를 하면 된다고 배운 것은 아닌지 모르겠습니다. 그런 설교를 듣는 자들은 대체 설교자의 말이 하나님의 말씀 어디에 나오는지 몰라 헤맬 것이며, 그의 말이 과연 성경의 말인지 의심을 품을 것입니다.

읽고 쓸 줄 아는 사람이라면 누구나 성경을 펴서 직접 확인할 수 있도록 출처를 밝혀야 합니다.[2] 성경을 인용하고 의미를 설명해야 합니다. 자기 주장의 근거가 해당 구절의 앞부분에 있는지 뒷부분에 있는지 알려야 합니다. 목사의 생각이 어디서 나왔는지 몰라 헤매다가 메시지의 전체 취지를 놓치지 않도록 성경을 인용하고 의미를 설명해야 합니다. 여러 성경을 인용하면서 설명해야 합니다. 부디 성경을 인용하십시오! "예수님이 산상설교에서 말씀하셨듯이"라는 식으로 일반적으로 말하지 마십시오. 설교 시간 내내, 또는 설교가 끝날 때 그 메시지가 사람들의 양심 깊이 파고들어 적용되게 하십시오.

우리는 목사라는 신분을 이용해서 우리 말을 받아들이도록 강요할 뿐, 어떤 성경에 근거하여 그런 말을 하는지 밝히지 않습니다. 그것은 하나님 말씀과 성령의 역사를 존중하는 태도가 아닙니다. 성령께 의지하고 그분이 주시는 말씀이 설교에 속속들이 스며들게 하십시오.

말씀을 해석할 때에도 성령의 도우심에 의지해야 합니다. 바울은 고린도전서 2:13-14에서 말합니다. "영적인 일은 영적인 것으로 [곧, 성령이 있는 사람이] 분별하느니라 육에 속한 사람은 하나님의 성령의 일들을 받지 아니하나니 이는 그것들이 그에게는 어리석게 보임이요." 다시 말해서 성령께 의지하면 성령이 성경을 잘 따라가게 해주신다는 것입니다. 성경을 해석할 때 무슨 정보를 더 주신다는 뜻이 아닙니다. 성경을 잘 연구하도록 훈련시키시고, 발견한 진리를 왜곡하지 않고 겸손히 받아들이게 하시며, 성경 연구를 시의적절하게 인도하여 꼭 필요한 발견과 통찰을 얻도록 자주 역사하신다는 것입니다.

성령의 말씀, 성경과 관련하여 성령을 의지하려 할 때 존 웨슬리John Wesley와 같은 자세를 갖기 바랍니다. 그는 말했습니다. "오, 그 책을 나에게 달라! 값이 얼마가 되든 하나님의 책을 나에게 달라! 나는 그 책을 가졌다. 내게 필요한 모든 지식이 여기 있다. 나를 이 한 책의 사람으로 만들어 달라!"[3]

다른 책을 읽는 일이나 이 시대를 아는 일은 중요치 않다는 말이 아닙니다. 그런 일을 게을리하는 것보다 성경 연구를 게을리하는 것이 훨씬 더 위험하다는 말입니다. 신학교를 졸업하고 목회 현장에 나가면 수업도 없고 과제도 없고 공부하라고 재촉하는 교수도 없습니다. 오직 여러분과 여러분의 성경과 다른 여러 책들이 있을 뿐입니다. 그런데 20대 때 이미 다음과 같이 결심한 조나단 에드워즈에 못 미치는 목회자가 태반입니다. "꾸준히, 지속적으로, 가능한 한 자주 연구함으로써 성경을 분명하게 알고 성경을 아는 지식에 자라가기로 결심한다."[4]

참으로 감화력이 있는 설교자는 하나님의 말씀 안에서 계속 자라가는 설교자입니다. 여호와의 율법을 즐거워하며 그 율법을 밤낮으로 묵상하는 설교자입니다(시 1:2). 스펄전은 존 버니언John Bunyan에 대해 이렇게 말했습니다. "그를 아무데나 찔러 보라. 그의 피는 성경으로 되어 있다는 것, 그에게서 성경의 핵심이 흘러나온다는 것을 알게 되리라. 그가 항상 성경을 인용하는 것은 그 영혼이 하나님의 말씀으로 가득 차 있기 때문이다."[5] 우리도 이렇게 되어야 합니다. 성령의 말씀이라는 은사에 의존하라는 말의 의미가 바로 이것입니다.

2. 성령의 능력이라는 은사에 의지하라

자, 이제 설교할 때 실제로 성령의 능력을 경험하는 문제를 살펴보도록 합시다. 베드로전서 4:11은 말합니다. "누가 봉사하려면 하나님이 공급하시는 힘으로 하는 것같이 하라. 이는 범사에 예수 그리스도로 말미암아 하나님이 영광을 받으시게 하려 함이니." 하나님이 능력도 주시고 영광도 받으십니다. 어떻게 이런 설교를 할 수 있을까요? 다른 이의 능력을 받아서 어떤 일을—이를테면 설교를—한다는 것이 대체 무슨 뜻입니까?

바울도 고린도전서 15:10에서 비슷한 말을 하고 있습니다. "내가 모든 사도보다 더 많이 수고하였으나 내가 한 것이 아니요 오직 나와 함께하신 하나님의 은혜로라." 로마서 15:18에서는 이렇게 말합니다. "그리스도께서 이방인들을 순종하게 하기 위하여 나를 통하여 역사하신 것 외에는 내가 감히 말하지 아니하노라. 그 일은 말과 행위로……이루어졌으며." 대체 어떻게 해야 자기 능력이 아닌 하나님의 능력이 나타나는 설교를 할 수 있습니까?

저는 저 자신의 삶과 설교에서 이 질문의 답을 배워 나가고 있습니다. 20년 이상 매주 설교해 왔는데도 초보자 같은 느낌이 들 때가 많습니다. 이런 제가 "성령의 능력이 있는 설교란 바로 이런 것"이라고 말한다면 정말 위험할 것입니다. 제 바람은 반드시 필요한 성령의 값진 경험을 추구하는 길에서 제가 어디까지 왔는지 알려 드리는 것뿐입니다.

저의 힘이 아니라 하나님이 공급하시는 힘으로 설교하고자 제가 정해 놓은 다섯 단계가 있습니다. 두려움과 산만함으로 마음이 흩어질 때마다 떠올리기 위해 각 단계의 첫 글자를 따서 한 단어를 만들었는데, 그것이 바로 APTAT입니다.

제가 지금 베들레헴 침례교회 회중석 앞자리에 있다고 합시다. 2분 후면 설교가 시작됩니다. 설교 전, 장로님이나 부교역자가 아침 예배 설교 본문을 봉독하려고 설교단에 오릅니다. 봉독이 시작될 때 저는 고개를 숙이고 설교를 시작하는 거룩한 순간을 맞이하기 전 마지막 요청을 드립니다. 그렇게 주님 앞에 마음을 내어놓는 시간에 거의 항상 사용하는 것이 바로 APTAT입니다.

1. 주님 없이 아무것도 할 수 없음을 시인합니다Admit. 요한복음 15:5 말씀이 이 순간 저에게 전적으로 해당됨을 인정합니다. "나를 떠나서는 너희가 아무것도 할 수 없음이라." 저는 하나님 앞에서 다음과 같은 것들을 시인합니다. "주님 없이 제 가슴은 뛰지 않습니다. 주님 없이 제 눈은 보지 못합니다. 주님 없이 제 기억력은 작동하지 않습니다. 주님 없이 저는 산만함과 자의식에 시달립니다. 주님 없이 저는 당신의 실체를 의심합니다. 주님 없이 저는 교인을 사랑하지 못합니다. 주님 없이 저는 경외감으로 진리를 전하지 못합니다. 주님 없이 말씀을 전하는 것은 쇠귀에 경 읽기입니다. 주님 외에 누가 죽은 자를 일으킬 수 있습니까? 오, 하나님 당신 없이 저는 아무것도 할 수 없습니다."

2. "그러므로 아버지, 당신의 도우심을 구합니다Pray. 당신의 이름에 영광을 돌리고 당신의 백성들에게 기쁨을 주며 당신이 택하신 자들을 불러 모을 수 있는 메시지를 전하는 데 필요한 통찰과 능력과 겸손

과 사랑과 기억력과 자유를 구합니다. '환난 날에 나를 부르라. 내가 너를 건지리니 네가 나를 영화롭게 하리로다'(시 50:15)라는 당신의 초청을 받아들입니다."

이것이 설교를 위한 첫 기도는 아니라는 점을 밝혀야겠습니다. 저는 이처럼 도움을 구하는 기도를 계속하면서 설교를 준비합니다. 1부 예배가 시작되기 세 시간 반 전에 일어나 두 시간 동안 최대한 마음의 준비를 합니다. 그 시간에 APTAT 다음 단계의 토대로 삼을 약속의 말씀을 찾습니다.

3. 다음 단계는 신뢰Trust입니다. 하나님의 선하심을 일반적으로 신뢰하는 것이 아니라 설교 시간에 소망의 기반이 되어 줄 약속을 구체적으로 신뢰하는 것입니다. 저는 이렇게 하나님의 특정한 말씀을 구체적으로 신뢰하는 것이 설교 시간에 사탄의 공격을 물리치는 데 꼭 필요하다는 것을 알았습니다. 최근에 제게 힘이 된 말씀은 시편 40:17입니다. "나는 가난하고 궁핍하오나 주께서는 나를 생각하시오니 주는 나의 도움이시요 나를 건지시는 이시라. 나의 하나님이여, 지체하지 마소서." 저는 아침 일찍 일어나 이런 말씀을 외운 다음 설교 전에 되새깁니다. 그 말씀을 믿고 마귀를 대적하면서 다음 단계로 나아갑니다.

4. 하나님이 그 말씀을 이루실 것을 확신하며 설교를 합니다Act. 제가 간절히 바라는 은혜는 아직 임하지 않았지만, 하나님이 저와 교인들을 거듭 만나 주심으로 자신의 영광을 나타내시고 교인들이 기쁘게

복종케 해주셨다고 말씀드릴 수 있습니다. 이것은 마지막 단계로 이어집니다.

5. 메시지를 마치면서 하나님께 감사를 드립니다Thank. 내내 저를 붙잡아 주시고 그분 이름에 영광을 돌리도록 부족하나마 성령의 능력으로 말씀의 진리와 십자가를 전하게 해주신 것에 감사를 드립니다.

20년 후, 저보다 백배나 더 많은 열매를 거둔 마흔두 살의 목회자가 설교단에서 다음과 같이 말하는 모습을 꿈꾸어 봅니다. "존 파이퍼 목사님은 몰랐겠지만, 그분의 설교를 들을 때 하나님의 영광과 그리스도의 십자가와 성령의 능력이 거역할 수 없이 임했고, 저는 말씀 사역에 부르심을 받았습니다."

4장 | 설교의 진지함과 즐거움

250년 전 조나단 에드워즈의 설교로 교회들 사이에 대각성 운동이 불붙었습니다. 그는 위대한 신학자이자(어떤 이는 교회 역사상 그보다 뛰어난 사람이 없었다고 말하기도 합니다), 위대한 하나님의 사람이었으며 위대한 설교자였습니다. 무비판적으로 그를 모방할 필요는 없지만, 오, 설교의 막중함만큼은 꼭 그에게서 배워야 합니다!

그는 젊어서부터 무슨 일이든 엄청나게 열심히 했고 치열하게 살았습니다. 대학 시절 작성한 결심문 중에 "살아 있는 한 온 힘을 다해 살기로 결심한다"라는 것이 있습니다.[1] 그의 설교는 처음부터 끝까지 참으로 진지한 것이었습니다. 남아 있는 설교 1200편을 샅샅이 뒤져도 농담 하나 찾아볼 수 없습니다.

1744년 목사 장립식 때, 그는 다음과 같이 설교했습니다.

목회자가 빛만 있고 뜨거움이 없을 때, 하나님과 사람들의 유익을 도모하는 열심이나 경건의 능력이나 영혼의 열정 없이 그저 박식한 논의로만 청중을 즐겁게 할 때, 가려운 귀는 긁어 줄 수 있고 듣는 이들의 머리는 공허한 개념으로 채워 줄 수 있을지 모릅니다. 그러나 그들의 마음에는 이를 수 없으며 그들의 영혼은 구원할 수 없습니다.[2]

천국의 영광과 지옥의 무서운 실체에 대한 굳건한 확신은 그의 설교를 아주 간절하게 만들었습니다. 그는 열광적인 부흥에 참여했다는 이유로 심한 비판을 받았습니다. 보스턴의 성직자 찰스 촌시Charles Chauncy는 에드워즈를 비롯한 여러 사람들이 영원한 세계를 너무 진지하게 다룸으로써 사람들의 감정을 지나치게 자극하고 있다고 비난했습니다. 1741년, 에드워즈는 이런 답변을 내놓았습니다.

지붕에 불이 붙어 금방이라도 불길에 휩싸일 것 같은 위급한 상황에서, 집 안에 남아 있는 자식이 위험을 알아채지 못한 채 아무리 밖에서 소리치고 불러도 무시하면서 도망치지 않는데, 여전히 냉담하고 덤덤하게 말할 가장이 어디 있겠습니까? 고래고래 소리를 지르고 간절히 자식을 부르면서, 집 안에 그렇게 꾸물거리고 있는 것이 얼마나 위험하고 어리석은 짓인지 최대한 생생하게 알려주려 하지 않겠습니까? 본성 자체가 이렇게 하라고, 이렇게 해야 한다고 가르치지 않겠습니까? 이런 상황에서도 별 관심 없는 문제를 놓고 일상적으로 대화하듯

계속 냉담한 태도로 말한다면, 주변 사람들이 여러분을 정신없는 사람으로 여기지 않겠습니까? (중략)

사람들의 영혼을 걱정하면서도, 지옥이 어떤 곳인지 알고 저주받는 상태가 어떤 것인지 알면서도, 사람들이 얼마나 무서운 처지에 있는지 감지하면서도……위험이 코앞에 닥쳤음에도 청중이 알아차리지 못하는 것을 뻔히 보면서도……얼마나 무서운 불행의 위험이 닥치고 있는지 간절한 심정으로 분명하게 알려 주며……도망칠 것을 경고하고 마구 소리치지 않는다는 것은 도덕적으로 불가능한 일입니다.[3]

그 당시 사람들의 증언에 따르면, 에드워즈의 설교는 노샘프턴 교회 회중에게 아주 강력한 영향을 끼쳤습니다. 그 이유가 무엇이었을까요? 조지 윗필드George Whitefield처럼 극적인 웅변가의 면모가 있었기 때문이 아닙니다. 대각성 운동이 일어나는 동안에도 그는 여전히 설교 원고를 완벽하게 작성했고, 아무런 몸동작 없이 그대로 읽어 내려갔습니다.

그렇다면 대체 어디서 그런 능력이 나왔을까요? 에드워즈의 회고담을 수집한 세레노 드와이트Sereno Dwight는 이렇게 말합니다.

그가 설교자로 크게 성공할 수 있었던……한 가지 적극적인 이유는 그의 정신에 깊이 스며든 엄숙함에 있었다. 그는 항상 하나님의 임재를 엄숙하게 인식했다. 이 점이 그의 표정과 태도에 여실히 드러났다.

이것이야말로 설교단에 오르기까지 모든 준비 과정에 영향을 끼친 지배적인 요인이었음이 분명하다. 이 점은 모든 공적 예배에도 잘 드러났으며, 청중에게 즉각적이면서도 거부할 수 없는 영향을 끼쳤다.[4]

드와이트는 에드워즈의 설교를 직접 들어 본 사람에게 에드워즈가 웅변력 있는 설교자였는지 물었습니다. 그 사람의 대답은 이것이었습니다.

> 목사님은 목소리에 인위적인 변화를 주지 않았고 힘주어 말하는 법도 없었습니다. 몸짓도 거의 하지 않았고, 심지어 움직이지도 않았지요. 사람들의 취향을 맞추고 마음을 사로잡기 위해 본인의 모습을 아름답게 가꾸거나 옷을 멋지게 차려입는 경우도 없었습니다. 하지만 사람들이 말하는 웅변력이 '온 영혼을 설교의 모든 내용 및 전달 방식에 쏟아붓는 감정의 강렬함과 논증의 압도적인 무게로 중요한 진리를 청중에게 제시하는 능력이 있어서 청중 전체의 주의를 엄숙하게 집중시키며 결코 지울 수 없는 깊은 인상을 남기는 것'을 의미한다면, 에드워즈 목사님이야말로 제가 들어 본 설교자 중에 가장 웅변력 있는 설교자라 할 수 있습니다.[5]

감정의 강렬함, 논증의 무게, 엄숙함이 깊이 배어 있는 정신, 경건의 능력에서 풍겨 나는 향취, 영혼의 열정, 하나님을 향한 열심이야말로 에드워즈 설교의 진지함을 보여주는 표지들입니다. 조나단 에드워즈에게 한 가지를 배운다면, 이처럼 자신의 소명을 진지하게 여기고 하나님의 말씀과 설교의 행위를 가볍게 여기지 않는 태도를 배워야 할 것입니다.

에드워즈 이후 백 년경, 킬메니라는 작은 교구를 맡고 있던 위선적인 목사 토머스 차머즈Thomas Chalmers가 회심했습니다. 그는 글래스고의 목회 사역과 세인트 앤드류 대학 및 에든버러 대학의 교수 생활을 통해 복음주의와 세계 선교에 큰 영향을 끼쳤습니다. 그가 설교단에서 보여준 능력과 명성은 생전에 이미 전설이 되었습니다.

그 이유가 무엇이었을까요? 제임스 스튜어트는 그의 설교를 이렇게 묘사합니다. "그는 당황스러울 만큼 사투리를 썼고, 극적인 몸짓은 거의 하지 않았으며, 원고를 꼭 잡은 채 손가락으로 한 줄 한 줄 짚으면서 읽어 내려갔다."[6] 앤드류 블랙우드Andrew Blackwood도 차머즈가 "원고에 매여 있었고 문장을 길게 썼다"라고 했습니다.[7] 그렇다면 그의 비결은 대체 무엇이었다는 말입니까? 그 당시 프린스턴에서 학생들을 가르치던 제임스 알렉산더James Alexander가 스코틀랜드에서 돌아오는 길에 존 메이슨John Mason에게 차머즈의 설교가 어째서 그토록 감화력이 있었는지 묻자 메이슨이 대답했습니다. "그에게는 피를 토하는 간절함blood-earnestness이 있었지."[8]

설교 사역은 그야말로 피를 토하는 간절함으로 해야 한다는 제 확신을 최대한 강력하게 전달하고 싶습니다. 오늘날 우리 앞에 있는 위험은 에드워즈나 차머즈나 청교도 선조들을 기계적으로 모방하는 것이 아닙니다. 우리는 그들의 설교관에 못 미쳐도 한참 못 미치기 때문에 모방하려고 해도 모방할 수가 없습니다. 제가 못 미친다고 말하는 것은, 원고를 그대로 읽느냐 마느냐, 설교를 두 시간씩 하느냐 마느냐, 예화를 배제하고 문장을 길게 쓰느냐 마느냐가 중요한 게 아니라, 이 설교자들의 영광이 그 간절함―진지함이라고 할 수 있는 간절함―에 있었다는 사실이 중요하기 때문입니다. 그 수준에 한참 못 미치는 우리로서는 그러한 옛 설교의 분위기를 묘사할 적절한 말을 찾기가 힘듭니다. 오늘날은 설교를 통해 하나님을 깊이, 간절한 마음과 경외감으로 강력하게 만나는 경험이 거의 없기 때문에 설교와 관련해서 떠오르는 말이라고는 설교자가 침울하다든지 지루하다든지 형편없다든지 무뚝뚝하다든지 우울하다든지 퉁명스럽다든지 친근하지 못하다든지 하는 것들뿐입니다.

예배 시간에 거룩하고 조용한 분위기를 만들고자 시도하면, 분위기가 친근하지 않다거나 냉랭하다는 소리가 나올 것이 분명합니다. '떠들지 않으면 경직되고 어색하고 친근하지 않은 것'이라고 생각하는 사람들이 많습니다. 결정적인 순간의 진지함이 주는 깊은 즐거움을 경험한 적이 거의 없거나 아예 없기 때문에, 자신들이 그 방법을 알고 있는 유일한 즐거움―가벼운 마음으로 웃고 떠드는 데서 얻는 즐거움―을 찾는 것입니다.

즐거움과 친근함에 대한 편협한 관점에 사로잡혀 이 나라 전역의 설교단에서 경박한 행동과 말투를 양성하고 있는 목사들은, 차머즈의 피 토하는 간절함이나 에드워즈의 정신에 배어 있는 엄숙함 같은 것은 아예 생각조차 하지 못합니다. 그 결과, 설교의 분위기와 방식은 가벼움과 천박함과 경솔함과 경박함으로 병들어 버렸고, 주일 아침의 모든 행동과 말에서 영원함이나 무한함이라고는 전혀 찾아볼 수 없는 것이 전체적인 특징이 되어 버렸습니다.

제 논지를 신중하게 한 문장으로 압축하면 다음과 같습니다. 목사의 삶과 설교에는 즐거움gladness과 진지함gravity이 함께 엮여 있어야 하며, 그럼으로써 무심한 영혼은 깨워 주고 성도의 짐은 감미롭게 만들어 주어야 합니다. 제가 감미롭게sweeten라는 표현을 쓴 데는 이유가 있습니다. 저는 이 즐거움에 사람의 가슴을 찌르는 면모가 함께 있다고 생각하는데, 이 표현으로 그 개념을 일부 전달할 수 있을 뿐 아니라 쓸데없이 번지르르한 말로 회중의 마음을 가볍게 해주려는 시도와 구별된다는 점도 전달할 수 있습니다.

또 다르게 표현하면 이렇습니다. 사람들을 사랑하기에 소중한 현실을 가볍게 취급하지 않으며(그러므로 설교는 진지해야 합니다), 사람들을 사랑하기에 순종의 짐을 지우되 그 짐을 감당할 기쁨의 힘을 같이 줍니다(그러므로 설교는 즐거워야 합니다).

설교는 사랑의 행위이기에 반드시 즐거움이 있어야 한다는 점을 좀 더 살펴봅시다. 제가 "참으로 교인을 사랑하는 목사는 말씀 사역에서 자신의 행복을 부지런히 추구해야 한다"라고 말할 때마다 사람들은 깜짝 놀라곤 합니다. 그들은 누군가를 사랑하면 자기 기쁨은 추구하지 말아야 한다고 배웠습니다. 남을 사랑하다가 뜻하지 않게 추구하지도 않은 기쁨을 얻는 것은 괜찮지만(심리학적으로 가능한 일이므로), 처음부터 자기 행복을 추구하면 안 된다는 것입니다.

그러나 저는 반대의 주장을 하는 바입니다. 사역의 기쁨에 관심이 없는 사람은 사랑의 본질적인 요소에도 관심이 없습니다. 말씀 사역에서 기쁨을 추구하지 않는 것은 하나님과 교인을 대적하는 태도입니다. 히브리서 13:17을 살펴보십시오.

> 너희를 인도하는 자들에게 순종하고 복종하라. 그들은 너희 영혼을 위하여 경성하기를 자신들이 청산할 자인 것처럼 하느니라. 그들로 하여금 즐거움으로(meta charas) 이것을 하게 하고 근심으로(stenazontes) 하게 하지 말라. 그렇지 않으면 너희에게 유익이 없느니라(alusiteles gar humin touto).

교인을 사랑하는 목사라면, 이 말씀을 읽은 후에도 여전히 자신의 기쁨에 무심할 수 없을 것입니다. 기쁨 없는 사역은 교인들에게 아무 유익이 되지 않는다고 본문은 말합니다. 사랑의 목적은 교인을 유익하게 하려는 것입니다. 그러므로 교인을 사랑하는 목사는 말씀 사역에서 자신의 기쁨을 함양하려는 노력을 게을리하지 않습니다. 이와 관련하여 베드로는 다음과 같이 명령하고 있습니다. "너희 중에 있는 하나님의 양 무리를 치되 억지로 하지 말고……자원함으로 하며 더러운 이득을 위하여 하지 말고 기꺼이 하며"(벧전 5:2). 자원함으로, 기꺼이 하라는 것은 즐거움으로 하라는 말의 다른 표현입니다.

설교 사역에서 기쁨을 누리는 것이 사랑의 본질적인 요소라고 말하는 한 가지 이유는, 설교자에게 없는 것을 교인에게 계속 줄 수 없다는 데 있습니다. 즐거움을 주지 못하는 설교자는 복음을 주는 것이 아니라 율법주의를 주는 것입니다. 아무 즐거움 없이 그저 '순종'하기 위해 이를 악물고 일하는 목사는 그런 삶을 교인에게 전하게 됩니다. 그것은 위선적이고 율법적인 속박에 매인 자의 태도이지, 쉬운 멍에와 가벼운 짐을 지고 가는 자의 자유로운 태도가 아닙니다.

또 한 가지 이유는, 확연하게 하나님을 즐거워하지 않는 목사는 하나님께 영광을 돌리지 못한다는 데 있습니다. 하나님을 알고 섬기는 일이 자기 영혼에 아무런 즐거움이 되지 않는데, 하나님을 영광스러운 분으로 제시할 수는 없는 노릇입니다. 열정 없이 지루하게 알프스를 안내하는 관광 가이드는 그 산의 장엄함을 부인하고 모욕하는 것입니다.

백 년 전에 필립스 브룩스가 한 말이 옳습니다.

설교자의 성공에 꼭 필요한 요소는 자신의 일을 전적으로 즐기는 것이다.……설교의 가장 큰 기쁨은 앞에 있는 큰 열망, 주님께 영광을 돌리고 사람의 영혼을 구원하려는 열망에 있다. 이에 비할 기쁨은 세상에 없으며……가장 감화력이 컸던 이전 설교자들의 생애를 읽어 보거나 오늘날 능력 있게 말씀을 전하는 설교자들을 만나 보면, 그들이 자신들의 사역 그 자체를 얼마나 확실히, 깊이 즐거워하는지가 느껴진다.[9]

성경적으로 볼 때, 설교의 즐거움은 하나님께 영광을 돌리고 사람을 사랑하고자 할 때 꼭 필요한 요소입니다. 이 두 가지가 설교의 큰 목표입니다!

그러나 조나단 에드워즈의 기쁨과 수많은 목사들의 웃음과 농담은 판이하게 다릅니다! 적어도 그 부분적인 이유는, 수많은 목사들이 말하는 행복이 거룩한 진지함과 함께 엮여 있지 못한 데 있습니다. 에드워즈는 다음과 같이 말합니다.

> 모든 은혜로운 감정은 상한 심령의 감정이다. 진정한 기독교적 사랑은 겸손하고 상한 심령의 사랑이다.……아무리 열렬한 것이더라도 성도의 갈망은 겸손한 갈망이고, 성도의 소망은 겸손한 소망이다. 성도의 기쁨은 아무리 말할 수 없이 영광스러운 것이더라도 겸손한 기쁨이요 상한 심령의 기쁨으로서…….[10]

우리 죄의 무게 그 자체와 하나님의 엄청난 거룩하심, 우리가 받은 소명의 중대함은 설교의 즐거움에 겸손한 진지함의 향취를 더해 줍니다.

이런 말을 하는 이유가 무엇일까요? 즐거움이 그토록 필요하다면서 진지함을 강조하는 이유가 무엇일까요? 그 이유를 밝힌 다음, 제가 지금 말씀드리는 것처럼 즐거움과 진지함을 더욱더 엮어 나가기 위해서는 어떻게 해야 하는지에 대해 몇 가지 제안을 하고 이야기를 마치겠습니다.

설교가 마땅히 진지해야 하는 것은, 죄인의 회심과 교회의 각성, 성도의 견인을 위해 하나님이 정하신 수단이 바로 설교이기 때문입니다. 설교가 이 사명에 실패하면 엄청나게 무서운 결과가 나타납니다. "하나님의 지혜에 있어서는 이 세상이 자기 지혜로 하나님을 알지 못하므로 하나님께서 전도의 미련한 것으로 믿는 자들을 구원하시기를 기뻐하셨도다"(고전 1:21).

하나님은 설교를 통해 인간을 영원한 멸망에서 구원하십니다. 고린도후서 2:15-16에서 이 문제를 숙고하던 바울은 그 막중한 책임감에 압도당합니다. "우리는 구원받는 자들에게나 망하는 자들에게나 하나님 앞에서 그리스도의 향기니 이 사람에게는 사망으로부터 사망에 이르는 냄새요 저 사람에게는 생명으로부터 생명에 이르는 냄새라. 누가 이 일을 감당하리요."

내 설교에 죄인들의 영원한 운명이 달려 있다니, 생각만 해도 엄청나지 않습니까! 설교자가 이 사실을 알면서도 간절해지지 않고 진지해지지 않을 때, 교인들은 은연중에 천국과 지옥의 존재를 심각하지 않은 것으로 여기게 됩니다. 저는 수많은 설교단에서 흘러나오는 가볍고 기발한 말들이 바로 이런 결과를 낳고 있다는 생각을 떨칠 수가 없습니다. 제임스 데니James Denney는 "설교자가 기발하다는 인상을 주면서, 동시에 그리스도가 구원하기에 능하시다는 인상을 줄 수는 없다"라고 했습니다.[11] 존 헨리 조윗도 "예능인이나 광대의 방식으로는 인간 영혼의 가장 깊숙한 방에 들어갈 수 없다"라고 했습니다.[12] 그런데 오늘날에는 많은 설교자들이 약삭빠르고 기발하고 재미있는 말을 장사밑천으로 삼고 있는 것 같습니다.

실제로 그들은 차머즈가 말한 피 토하는 간절함에 다가가기를 두려워하는 듯합니다. 청중의 분위기가 이상하게 가라앉는다 싶을 때 그 분위기를 재빨리 몰아내기 위해 설교자가 아주 의도적으로 가벼운 재담과 말장난을 하거나 익살을 떠는 모습을 보곤 합니다.

회개가 아닌 웃음이 수많은 설교자들의 목표가 되어 버린 듯합니다. 사람들이 여러분의 말을 듣고 웃는다는 것은 기분이 좋다는 뜻입니다. 여러분이 그들의 마음에 든다는 뜻입니다. 여러분이 그들의 마음을 움직였다는 뜻입니다. 여러분에게 어느 정도 능력이 있다는 뜻입니다. 사람들이 웃으면 의사소통에 성공했다는 표시가 다 나타난 듯 보일 것입니다. 죄의 깊이, 하나님의 거룩하심, 지옥의 위험, 상한 심령의 필요성만 무시한다면 말입니다.

전에 어떤 목회자 수련회에 참석했다가, 설교자들이 부흥의 필요성을 언급한 다음 부흥과는 아무 상관 없는 분위기를 조장하며 순서를 진행하는 것을 보고 놀란 적이 있습니다. 목회 초기에 저는 월리엄 스프레이그William Sprague의 『부흥론』Lectures on Revivals과 찰스 피니 Charles Finney와 동시대 사람으로서 제2차 대각성 운동 때 강력한 복음 전도자로 활동했던 아사헬 네틀턴Asahel Nettleton의 『회고록』Memoirs을 읽었습니다. 그 책들을 통해 심오하고 지속적인 영적 각성에는 성령 이 하나님의 백성 가운데 주시는 심각함이 수반된다는 사실을 배웠 습니다. 네틀턴의 『회고록』에서 몇 구절을 찾아보겠습니다.

> 1812년 가을, 코네티컷, 살렘 남부. "그의 설교를 들은 사람들의 마음
> 에 즉시 엄숙함이 임했다.……곧 심각한 분위기가 지역 전체로 퍼져
> 나갔고, 신앙 이야기가 전적인 화젯거리가 되었다." 1813년 봄, 라임
> 북부. "그가 처음 일을 시작했을 때에는 특별히 진지한 분위기가 아
> 니었다. 그러나 곧 깊은 엄숙함이 청중 사이로 퍼져 나갔다." 1814년,
> 8월, 그랜비 동부. "그가 들어서자 마치 전기가 흐르는 듯했다. 학교
> 는……두려워 떨며 경배하는 자들로 가득 찼다. 엄숙함과 진지함이 전
> 지역으로 퍼져 나갔다."[13]

스프레이그가 부흥을 일으키고 촉진하는 방법을 다룬 장章에서 가장 처음 언급하는 것도 이 심각함입니다.

> 여러분 가운데 부흥의 한복판에 있었던 분들에게 묻겠습니다. 그 자리
> 에 깊은 엄숙함이 있었는지.……그 순간 즐겁기를 바라는 사람은 그

자리에 어울리지 않는다는 생각이 들지 않았습니까?······깊은 심각함이 결여된 방법으로 그런 역사를 일으킬 수 있다고 생각하거나, 가벼운 감정을 피해야 할 때 오히려 그런 감정을 만들고 불러일으킬 만한 방법을 도입하는 것은 정말 말이 안 되는 짓입니다. 성령이 회중의 마음에 역사하실 때, 터무니없는 예화나 표현법이나 몸짓보다 더 그 일에 어울리지 않는 것은 없습니다. 그런 것들은 성령이 임하시는 목적, 곧 죄인의 죄를 드러내고 그들을 새롭게 하여 회개케 하시려는 목적에 정면으로 위배된다는 점에서, 성령을 근심케 하기에 딱 알맞습니다.[14]

본질상 이처럼 명백해 보이는 역사적 증거들이 있음에도 불구하고, 이 시대에 부흥이 사라진 것을 한탄하는 설교자들조차 막상 사람들 앞에 서면 경솔한 태도를 벗어던지지 못하는 것 같습니다. 경박함이야말로 청중 가운데 참된 영적 역사가 일어나지 못하도록 막는 가장 큰 대적으로 보일 때가 있습니다.

찰스 스펄전에게는 심오하면서도 왕성한 유머감각이 있었습니다. 그는 이 유머감각을 활용하여 큰 성과를 거둘 수 있었습니다. 그의 설교를 읽고 참 재미있는 사람이라고 생각하는 이들도 있었습니다. 그러나 스펄전이 죽은 지 3년 후, 로버트슨 니콜Robertson Nicoll은 다음과 같은 글을 썼습니다.

유머 넘치는 복음 전도로 많은 사람은 끌어 모을 수 있지만, 그들의 영혼은 잿더미에 방치하고 신앙의 싹은 짓밟는 결과를 낳는다. 스펄전 목사의 설교를 모르는 이들은 그를 유머 넘치는 설교자로 여길 것이다. 그러나 사실 스펄전처럼 한결같이 두려워하면서 간절하고 엄숙한 어조로 설교한 사람은 없다.[15]

스펄전은 적절한 유머와 웃음의 가치를 진심으로 믿었다는 점에서, 특히 유익한 본보기입니다. 그는 신학생들에게 이렇게 말했습니다.

> 우리는—특히 몇몇 사람은—경박해지려는 성향을 억제해야 합니다. 덕이 되는 거룩한 쾌활함과 악이 되는 일반적인 경박함은 완전히 다른 것입니다. 경박함은 진심으로 웃게 하지 못하고 그저 모든 것을 우습게 만들어 버릴 뿐입니다. 경솔하고 얄팍하며 현실적이지 못합니다. 진심 어린 웃음은 진심 어린 부르짖음보다 결코 경박하지 않습니다.[16]

확실히 설교자들이 눈물보다 유머에 훨씬 익숙한 것이 이 시대의 특징입니다. 사도 바울은 빌립보서 3:18-19에서 죄인에 대해 이야기하며 이렇게 말합니다. "내가 여러 번 너희에게 말하였거니와 이제도 눈물을 흘리며 말하노니 여러 사람들이 그리스도의 십자가의 원수로 행하느니라. 그들의 마침은 멸망이요……땅의 일을 생각하는 자라." 이런 눈물이 없다면 우리가 원하는 부흥은 결코 일어나지 않을 것이며, 깊고 지속적인 영적 갱신도 일어나지 않을 것입니다.

부활절 날, 목사가 농담이나 멋진 이야기가 아니라 다음에 나오는 존 던John Donne의 말로 간절하고도 엄숙하게 설교를 시작한다면, 강력한 사랑과 확신의 영이 회중 가운데 임하지 않겠습니까?

지금 제가 얼굴을 보고 있는 이 회중 가운데 단 한 명이라도 부활 때 하나님 우편에서 만나지 못한다면, 바다처럼 많은 눈물을 흘려도 부족할 것입니다![17]

설교에 마땅히 진지함과 간절함이 있어야 하는 것은, 설교야말로 죄인을 구원하고 교회를 부흥시키는 중대한 임무를 수행하기 위한 하나님의 도구일 뿐 아니라(이미 살펴보았듯이) 성도를 보호하기 위한 하나님의 도구이기도 하기 때문입니다. 바울은 디모데후서 2:10에서 말합니다. "그러므로 내가 택함 받은 자들을 위하여 모든 것을 참음은 그들도 그리스도 예수 안에 있는 구원을 영원한 영광과 함께 받게 하려 함이라." 다시 말해서, 택함 받은 자들을 위해 설교의 수고를 하는 것은 단순히 그들의 영원한 안전에 당의糖衣를 입히는 일이 아니라는 것입니다. 설교는 그들을 안전하게 지키시기 위해 하나님이 정하신 수단입니다. 영원한 안전을 도모하는 것은 공동체가 이루어야 할 과업이며(히 3:12-13), 설교는 성도를 안전하게 지키시는 하나님의 능력입니다. 하나님의 부르심은 말씀으로 효력을 얻으며, 하나님의 지키심도 말씀으로 효력을 얻습니다.

성도가 자동적으로 영원한 안전을 보장받는다고 생각하면, 매주일 피를 토하는 간절함으로 설교하지 못할 것입니다. 그러나 성경적으로 볼 때, 성도의 견인은 은혜의 방편들을 진지하게 적용하느냐 못하느냐에 달려 있습니다. 그 방편 중에 하나가 바로 하나님의 말씀을 설교하는 것입니다. 주일 아침마다 천국과 지옥이 왔다 갔다 합니다. 불신자들이 있기 때문만이 아닙니다. 교인들도 참으로 믿음에 거해야 구원을 받으며(골 1:23), 믿음은 하나님의 말씀인 복음을 들을 때 생겨나고 지속되기 때문입니다(롬 10:17).

설교자라면 누구나 "누가 이 일을—죄인을 구원하고 교회에 부흥을 일으키며 성도를 지키는 일을— 할 수 있으리요"라고 진지하게 말해야 하는 것이 분명합니다! 그러므로 다시 한번 저의 논지를 말씀드리겠습니다. 목사의 삶과 설교에는 즐거움gladness과 진지함gravity이 함께 엮여 있어야 하며, 그럼으로써 무심한 영혼은 깨워 주고 성도의 짐은 감미롭게 만들어 주어야 합니다. 사람들을 사랑하면 두려운 현실을 가볍게 다룰 수 없으며(그래서 진지함이 필요합니다!) 사람들을 사랑하면 기쁨 없는 순종의 무거운 짐을 지울 수 없습니다(그래서 즐거움이 필요합니다!).

이제 설교에서 이러한 즐거움과 진지함을 함양하기 위한 실제적인 제안 일곱 가지를 말씀드리고 이야기를 맺겠습니다.

1. 기쁜 마음에서 나오는 실제적이고 진심 어린 거룩함이 삶의 모든 영역에 나타나도록 힘쓰십시오. 로버트 머레이 맥체인 목사가 '교

인들에게 필요한 것은 무엇보다 목사 자신의 거룩함'이라고 했다는 이야기는 이미 했습니다. 그 한 가지 이유는, 한 주간—오랜 시간도 아니고!—설교자에게 나타나지 않던 모습이 설교단에 섰다고 갑자기 나타나는 것은 아니기 때문입니다. 갑자기 피를 토하는 간절한 심정으로 설교단에 서지 못할 뿐더러, 위원회 모임이나 교회 저녁 식사 자리에서 습관적으로 경솔한 언행을 하기 쉽습니다. 한 주간 무뚝뚝하고 못되게 굴면서 우울하게 지낸 사람은 설교의 즐거움으로 하나님의 영광을 나타낼 수 없습니다. 설교의 전문가가 되려고 애쓰지 마십시오. 설교자의 인격을 갖추려고 애쓰십시오.

2. 여러분의 생활—특히 연구 생활—이 기도로 항상 하나님과 교통하는 것이 되게 하십시오. 하나님 앞에 오래 머물지 않는 사람에게는 하나님의 향취가 오래 머물지 않습니다. 리처드 세실Richard Cecil은 "경건한 습관이 없는 것은 기독교 목회자의 주된 결함이다"라고 했습니다.[18] 우리는 말씀 사역뿐 아니라 기도에 부르심을 받았습니다. 기도하지 않으면, 우리가 연구하는 하나님은 무미건조한 학문적 전략으로 빚어 낸 하나님, 아무런 두려움도 주지 못하고 영감도 주지 못하는 하나님이 될 것입니다.

생산적인 연구와 열렬한 기도는 생사를 같이하게 되어 있습니다. 어떤 사람이 B. B. 워필드Warfield에게 말하기를, 10분 동안 무릎을 꿇고 기도할 때 10시간 동안 책을 읽는 것보다 하나님을 더 깊이, 참되게 알 수 있다고 했습니다. 그에 대해 워필드는 아주 정확한 대답을 했습니다. "아니, 무릎을 꿇고 10시간 연구하면 더 깊이 알 수 있지 않습니까?"[19] 실제로 설교 준비를 할 때 이렇게 해야 합니다. 코튼 매더는 설교문을 작성할 때 매 단락이 끝나는 순간마다 멈추어 기도하고 자신을 점검하며 설교 주제에서 받은 거룩한 인상을 마음에 새기는 것을 규칙으로 삼았다고 합니다.[20] 이렇게 계속 기도하는 심령이 없으면 은혜의 보좌 주위에 감도는 진지함과 즐거움을 유지할 수 없습니다.

3. 찌르기만 해도 성경이 흘러나오는 이들, 피를 토하는 간절함으로 진리를 논한 이들의 책을 읽으십시오. 신학교에 다닐 때 어느 현명한 교수님이 위대한 복음주의 신학자 중에 한 사람을 택해서 그의 생애와 저작을 깊이 파고들라고 조언했는데, 그 조언이 제 삶을 변화시켰습니다. 그 영향으로 조나단 에드워즈와 함께 신학교 시절의 한 달 한 달을 시작하고 마쳤다고 해도 과언이 아닙니다. 저는 에드워즈를 통해 세상에서 가장 진지한 인물들—장 칼뱅Jean Calvin, 마르틴 루터 Martin Luther, 존 버니언, 제레미야 버로우즈Jeremiah Burroughs, 윌리엄 브릿지William Bridge, 존 플라벨John Flavel, 존 오웬John Owen, 스티븐 차녹Stephen Charnock, 윌리엄 거널William Gurnall, 토머스 왓슨Thomas Watson, 리처드 십스Richard Shibbes, J. C. 라일Ryle—에 이르는 길을 찾았습니다! 이처럼 피를 토하는 간절함으로 하나님에 대하여 쓴 책들을 읽어 보면, 그들이 현대의 수많은 인도자들보다 더 정확하게 기쁨에 이르는 길을 알고 있음을 발견하게 됩니다.

4. 죽음을 자주 묵상하는 일에 마음을 기울이십시오. 주님이 아직 오시지 않는 동안에는 죽음이야말로 절대 피할 수 없는 문제이자 심히 중대한 문제입니다. 죽는다는 것이 우리 삶에 무엇을 의미하는지 생각하지 않는 사람은 너무 순진한 것입니다. 에드워즈가 젊었을 때 작성한 결심문을 보면, 그는 죽음의 의미를 생각하는 사람—깊이와 능력이 있는(그리고 열한 명의 믿는 자녀도 있는!) 사람—이었습니다.

9. 모든 경우에 나의 죽음과 죽음에 수반되는 일반적인 상황에 대해 많이 생각하기로 결심한다.

55. 천국의 행복과 지옥의 고통을 이미 알았다면, 내가 무엇을 해야 하는지 생각하고 그 생각대로 행동하기 위해 최선을 다하기로 결심한다.[21]

저는 장례식을 집례할 때마다 정신이 확 깨는 듯한 경험을 합니다. 장례식 메시지를 전하기 전, 자리에 앉아 저 자신이나 아내나 아들이나 딸이 관 안에 누워 있는 모습을 상상하기 때문입니다. 죽음과 질병 안에는, 사소한 일들은 안개처럼 흩어 버리고 부활의 기쁨을 소망하는 진지하고 즐거운 지혜로 그 자리를 대신 채워 주는 놀라운 길이 있습니다.

5. 설교자인 여러분이 더 엄한 심판을 받는다는 성경의 가르침을 생각하십시오. "내 형제들아 너희는 선생 된 우리가 더 큰 심판을 받을 줄 알고 선생이 많이 되지 말라"(약 3:1). 히브리서 기자도 목사들

이 "너희 영혼을 위하여 경성하기를 자신들이 청산할 자인 것같이"
한다고 말합니다(히 13:17). 또 사도행전 20장에서 바울은 자신이 에
베소에서 가르쳤던 자들 앞에서 이 점을 아주 섬뜩하게 지적합니다.
"모든 사람의 피에 대하여 내가 깨끗하니 이는 내가 꺼리지 않고 하
나님의 뜻을 다 여러분에게 전하였음이라"(행 20:26-27). 하나님의
뜻을 온전히, 신실하게 가르치지 않으면 우리 손에 교인들의 피가 묻
어 있을 것이 분명합니다. 이러한 점들을 충분히 생각한다면, 그 책임
감에서 나오는 진지함과 성공의 결과물을 기대하는 즐거움으로 모
든 일을 해 나가게 될 것입니다.

6. 예수님의 모범을 생각하십시오. 그는 의로우면서도 친절하고
부드럽고 온유하셨습니다. 결코 침울하시지 않았습니다. 세례자 요
한은 귀신 들렸다는 말을 들었지만, 예수님은 잘 먹고 마시는 사람,
세리와 죄인의 친구라는 말을 들으셨습니다. 그는 흥을 깨는 병적인
사람이 아니었습니다. 그러면서도 슬픔을 아셨고 질고를 아셨습니
다. 주님은 가볍게 설교하시지 않았고, 가벼운 말 한 마디 남기시지
않았습니다. 우리가 아는 농담 같은 것은 하시지도 않았습니다. 그의
유머는 피를 토하는 간절함으로 전하는 진리의 날선 칼을 담는 칼집
에 불과했습니다. 예수님이야말로 설교자의 가장 위대한 모범입니
다. 청중은 그분의 말씀을 즐겁게 들었고, 아이들은 그분의 무릎에 앉
았으며 여인들은 존중받았습니다. 그러면서도 성경의 어떤 인물보다
자주, 무서운 말로 지옥을 이야기하셨습니다.

7. 마지막으로, 하나님을 알고 그분의 능하신 손 아래에서 겸손해지기 위해 온 힘을 다하십시오(벧전 5:6). 교인들을 영광의 작은 언덕 정도에 인도한 것으로 만족하지 마십시오. 엄위하신 하나님의 높은 절벽을 오르는 산악인이 되십시오. 하나님의 높은 산을 결코 다 밟아 볼 수 없다는 사실에 무릎을 꿇으십시오. 여러분이 통찰의 언저리에 오를 때마다 하나님의 성품 안에 있는 엄청난 아름다움이 수천 킬로미터 너머까지 펼쳐지다 구름 속으로 아스라이 사라지는 광경을 목격할 것입니다. 산에 오르십시오. 무한하신 하나님을 아무리 발견하고 영원토록 새로이 발견해도, 그 영광으로 인한 즐거움이 약화되거나 그 임재로 인한 치열한 진지함이 둔화되는 일은 결코 없다는 사실을 깊이 생각하십시오.

2부

어떻게 하나님을 최고로 높이는 설교를 할 것인가

조나단 에드워즈의 목회에서 얻는 지침

신학교에 다닐 때 어느 현명한 교수님이 해주신 조언이 있습니다. 성경 읽기에 더하여 위대한 신학자를 한 명 택하라, 평생 그의 사상을 배우고 익히는 데 힘쓰라, 매번 표면만 건드리다 말 것이 아니라 깊은 실체까지 닿는 갱도를 적어도 하나는 파 놓으라고 하셨습니다. 그러면 조만간 함께 "이야기"할 일종의 동료가 생기는 것이라고, 다른 여러 개념들을 놓고 유익한 대화를 나눌 수 있는 체계가 적어도 하나는 생기는 것이라고 하셨습니다. 훌륭한 조언이었습니다.

제가 전념한 신학자는 조나단 에드워즈입니다. 저는 그에게 이루 말할 수 없는 큰 신세를 졌습니다. 사방의 문들이 전부 닫혀 있는 것만 같았던 시절에 그가 하나님의 아름다움과 거룩하심과 천국으로 내 영혼을 먹여 주었습니다. 깊이 침체되었던 시기에 소망과 목회의 비전을 새롭게 해주었으며, 세속주의의 장막에 가릴 때마다 몇 번

씩이나 성령의 세계를 보도록 창문을 열어 주었습니다. 하나님에 대한 사상에는 엄격하되 하나님 그분께는 따뜻한 애정을 품는 일이 동시에 가능함을 보여주었고, 신학은 영광의 찬송을 위해 존재한다는 사실을 삶으로 구현해 보여주었습니다. 그는 오전 내내 노샘프턴 주변 숲을 걸으며 마음을 토하는 기도를 하곤 했습니다. 그에게는 진리를 향한 열정과 잃어버린 죄인들을 향한 열정이 있었습니다. 그 열정이 목회하는 내내 흘러넘쳤습니다. 무엇보다 에드워즈는 하나님께 푹 빠진 설교자였습니다. 하나님을 최고로 높이는 설교를 다루는 이 책에서 그가 중요한 자리를 차지하는 이유가 여기 있습니다.

조나단 에드워즈가 이런 사람이었기 때문에 이런 설교를 한 것이고, 이런 하나님을 보았기 때문에 이런 설교를 한 것입니다. 지금부터는 에드워즈의 삶과 신학과 설교를 살펴보고자 합니다.

5장 | 하나님을 중심에 두라

에드워즈의 삶

조나단 에드워즈는 1703년, 코네티컷 주 윈저에서 태어났습니다.[1] 그 지역 목사였던 아버지는 그 외아들이 여섯 살 될 때부터 라틴어를 가르쳤습니다. 그리고 열두 살이라는 어린 나이에 예일에 입학시켰습니다. 그로부터 5년 후, 에드워즈는 최우수 학생으로 졸업하며 라틴어로 졸업 연설을 했습니다.

그는 예일에서 2년 더 목회 공부를 했고, 뉴욕의 한 장로교회에서 임시목사로 일했습니다. 그리고 1723년부터 3년간 예일에서 학생들을 가르쳤습니다. 그 후 매사추세츠 주 노샘프턴의 회중교회가 그를 청빙했습니다. 그 교회는 외조부 솔로몬 스토다드Solomon Stoddard가 50년 넘게 목회해 온 곳이었습니다. 스토다드는 그를 견습목사 겸 후계자로 발탁했습니다. 그들은 1727년 2월부터 동역했습니다. 그리고 1729년, 스토다드가 죽었습니다. 에드워즈는 그때부터 1750년까지 목회하며, 노샘프턴 교회와 23년간 관계를 지속했습니다.

1723년으로 돌아가서, 에드워즈는 사라 피어폰트Sarah Pierrepont라는 열세 살 소녀를 사랑했습니다. 사라는 그가 경험하는 신앙의 황홀함을 족히 나눌 수 있는 여자였습니다. 그는 헬라어 문법책 속지에 자신이 표현할 수 있는 유일한 사랑 노래를 적어 두었습니다.

세상을 만드시고 다스리시는 전능자의 사랑을 받는 소녀가 [뉴헤이븐에] 있다지요.……때로 감미롭게 노래하며 이곳저곳 거니는 소녀는 항상 기쁨과 즐거움이 넘치는 모습이랍니다. 그러나 그 이유를 아는 이는 아무도 없지요. 소녀는 홀로 들과 숲을 걷길 좋아합니다. 보이지 않는 분과 늘 이야기하는 것처럼 보입니다.[2]

4년 후, 노샘프턴에 정착한 지 다섯 달 후에 그들은 결혼했고, 열한 명의 자녀(3남 8녀)를 두었습니다. 자녀들은 모두 아버지를 존경했고, 아버지가 하루 열세 시간씩 연구에만 몰두했음에도 불평하지 않았습니다.

그는 좋은 일이 있을 때든 궂은 일이 있을 때든 정기적인 심방은 하지 않았습니다(1735년 당시 성찬 교인은 620명이었습니다). 환자가 청할 경우에는 찾아갔고, 가까운 이웃집에서 모임이 있을 때 종종 설교했습니다. 아이들에게는 교리문답 교육을 시켰고, 경건한 죄의식에 눌려 있는 사람이 조언을 구하려고 서재로 찾아오면 격려해 주었습니다. 그는 스스로 타고난 달변가가 아니라 생각했고, 따라서 설교와 저술을 통해 사람들의 영혼에 가장 큰 유익을 주고 그리스도의 대의를 진작시킬 수 있다고 판단했습니다.[3] 최소한 노샘프턴 목회 초기에는 일주일에 두 번, 곧 주일에 한 번 주중 저녁 시간에 한 번 설교했습니다. 대개는 한 시간씩 설교했지만, 그보다 훨씬 더 길게 설교하는 경우도 있었습니다.

대학 시절에 그는 70개의 결심문을 작성했습니다. 그중 한 가지는 이미 살펴보았습니다. "살아 있는 동안에는 온 힘을 다해 살기로 결심했다."[4] 신학 연구에 열정적으로 헌신한 것도 이 결심의 연장이었습니다. 그는 지극히 엄격한 연구 계획을 고수했습니다. "그리스도께서 아주 이른 시간에 무덤에서 일어나심으로써 아침 일찍 일어날 것을 명하셨다"고 생각한다는 말을 하기도 했습니다.[5] 그는 보통 새벽 네 시에서 다섯 시 사이에 일어나 서재로 갔습니다. 항상 손에 펜을 들고 연구하면서 자신의 생각을 수없이 많은 노트에 기록했습니다. 심지어 여행을 하면서도 길에서 떠오르는 생각들을 잊지 않기 위해 쪽지에 적어 코트에 꽂아 두곤 했습니다.

대부분의 목사들이 의자에 맥없이 앉아 쉬거나 재정위원회에 참석하는 저녁 시간에도 에드워즈는 식후 한 시간 남짓 자녀들과 시간을 보낸 후에 서재로 돌아갔습니다. 여기에도 예외는 있었습니다. 1734년 1월 22일 일기에 이런 기록이 있습니다. "신학적인 묵상을 하기에 좋은 주제가 떠올랐다면……보통, 저녁을 먹겠다고 중단하기보다는 차라리 식사를 건너뛰고 묵상을 계속하는 것이 최선이라고 판단한다."[6]

185센티미터 넘는 키에 건장치 못한 사람이 이렇게 생활했다면 건강하지 않았다는 소리처럼 들립니다. 그러나 실제로 그는 식사 조절과 운동에 많은 주의를 기울였습니다. 공부의 효율성과 능률을 높이기 위해 모든 것을 계산해서 했습니다. 아프거나 졸리지 않도록 음식의 종류와 양도 제한했습니다. 겨울에는 장작을 패는 일로 운동을 대신했고, 여름에는 말을 타거나 들판을 산책했습니다.

이 산책에 대해 그는 이렇게 썼습니다. "화창한 날에는 심각한 신앙 연구에 전념하기보다 세상의 영화로운 모습에 유달리 더 끌리는 내 모습을 보곤 한다."[7] 이 또한 그의 갈등이었습니다. 그러나 자연과 하나님 사이의 갈등이라기보다는 하나님을 경험하는 두 가지 방식 사이의 갈등일 뿐이었습니다.

1737년, 건강을 위해 말을 타고 숲으로 가다가 평소 하던 대로 한적한 곳에 내려 거룩한 묵상과 기도를 위해 걷는데, 특이하게도 하나님과 인간 사이의 중보자이신 아들의 영광과 그 놀랍고도 크고 충만하고 순결하며 감미로운 은혜와 사랑, 온유하고 부드러운 겸손을 보게 되었다.……내 생각에는 한 시간 가량 계속된 것 같다. 나는 그 시간을 대부분 눈물을 쏟으면서, 큰 소리로 울면서 보냈다.[8]

그는 자연에 나타나는 하나님의 영광을 유독 사랑했습니다. 이 사랑은 하나님의 위대하심을 즐거워할 줄 아는 그의 능력에 좋은 영향을 끼쳤으며, 설교에 여러 이미지를 사용하는 데에도 좋은 영향을 끼쳤습니다.

에드워즈는 목회를 하며 몇 가지 큰 실수를 했는데, 그 실수들이 결국에는 해고의 도화선이 되었습니다. 일례로, 1744년에 몇 명의 무고한 젊은이들을 외설적인 추문에 연루시킨 일이 있습니다. 그러나 무엇보다 그의 목회에 종지부를 찍게 된 계기는, 구원의 믿음을 고백하지 않아도 성찬을 받도록 허용했던 뉴잉글랜드의 오랜 전통을 공개적으로 거부한 일이었습니다. 그의 외조부는 중생의 고백이나 증거 없이도 성찬을 받도록 허용하는 관행을 오랫동안 옹호했습니다. 성찬이라는 의식을 통해서도 회심할 수 있다고 본 것입니다. 에드워즈는 그것을 비성경적인 태도로 여겨 거부하면서, 자신의 주장을 옹호하기 위한 책을 썼습니다. 그러다가 결국 1750년 6월 22일 금요일에 해고가 공포되었고, 7월 1일에 "고별설교"를 하기에 이릅니다. 그때 나이가 마흔 여섯입니다. 자기 나이의 절반에 해당하는 세월을 노샘프턴 교회에 바친 것입니다.

노샘프턴에 있는 동안 에드워즈는 거룩한 전압을 올리기 위한 인간 점화기로서 주요한 역할을 했고, 마침내 뉴잉글랜드에 대각성 운동이 일어났습니다. 비상한 부흥의 시절이 찾아온 것입니다. 특히 1734-1735년과 1740-1742년이 그러했습니다. 노샘프턴 시절에 에드워즈가 출판한 책들은 대부분 단순한 감정적 흥분상태가 아닌 하나님의 놀라운 역사라 믿는 그 일을 해석하고 옹호하며 진작시키기 위해 쓴 것들입니다.

이 점을 생각하면, 그가 일반적으로 자신의 교구보다 넓은 범위의 청중에게 설교했다는 사실을 기억하는 데 도움이 됩니다. 그는 그리스도의 나라가 이 땅에 임했다는 점을 늘 생각했고, 자신의 소리가 노샘프턴 너머까지 울려 퍼지고 있음을 인식했습니다. 보스턴보다 영국에서 먼저 책이 출판되는 경우도 있었습니다.

노샘프턴에서 해고된 뒤, 서부 매사추세츠 주 스톡브리지에서 목사 겸 인디언 선교사로 와 달라는 부탁을 받았습니다. 그는 1758년 프린스턴 학장으로 부임하기 전까지 그곳에서 일하게 되었습니다. 외딴 스톡브리지에서 보낸 7년은 그에게 아주 생산적인 기간이었으며, 1757년이 되어서는 생활이 이제 좀 편안해지기 시작했습니다. 그래서 그는 프린스턴의 학장으로 초빙 받고 난 직후인 1757년 10월 19일, 자신이 그 자리에 적합하지 못하다는 점을 납득시키기 위해 프린스턴 이사회에 편지를 썼습니다.

저는 여러 면에서 유난히 좋지 못한 체질을 타고나, 고형식도 무르게 먹어야 하고 유동식도 맛없고 진득한 것을 조금 먹어야 하는데다가 기질도 우울한 사람입니다. 아이처럼 약해질 때가 자주 있고, 말이나 풍채나 거동도 볼품이 없습니다. 거슬릴 정도로 재미가 없고 뻣뻣해서 대화에 적합하지 못할 뿐 아니라 대학 행정에는 더욱이나 적합하지 못한 사람입니다. 학식도 부족한 점이 많은데, 특히 대수와 고등수학, 그리스 고전이 그렇습니다. 저의 헬라어 지식은 주로 신약성경에 국한된 것입니다.[9]

어떻게 30년간이나 목회를 하면서 히브리어 실력을 그렇게 잘 보전했는지 모르겠지만, "히브리어 외에는" 언어를 가르치면서 시간을 쓰고 싶지 않다고 하고 "히브리어라면 기꺼이 가르침으로 제 실력 또한 키우고 싶습니다"라고 했습니다. 쉰네 살에도 이처럼 성경의 언어인 히브리어 실력을 키우고 싶어 했던 것은 참으로 에드워즈다운 모습이라 하겠습니다. 그는 자신이 쓰고자 하는 책들에 대해 이야기한 다음, 소원하는 일을 할 수 있게 해 달라고 부탁합니다. "이 연구가 얼마나 제 마음을 사로잡고 있는지, 앞으로 이 일을 할 수 없다는 것은 생각조차 못할 형편입니다."[10]

그래서 에드워즈는 자신을 스톡브리지로 청빙했던 목회자 회의에서 학장직을 수락하는 것이 그의 의무라는 결정이 나자, 그 회의 자리에서 울고 말았습니다. 그러나 곧 그들의 권고를 받아들여 거의 곧장 스톡브리지를 떠나 1758년 1월, 프린스턴에 도착합니다. 2월 13일, 외관상 별 문제없을 것처럼 보인 천연두 예방접종을 받았습니다. 그러나 2차 감염으로 인해 열이 나고 목구멍에 포진이 생기면서 약을 삼키지 못하게 되었고, 마침내 1758년 3월 22일 쉰네 살의 나이로 숨을 거두었습니다.

병상을 지키며 비탄에 빠져 두려워하던 친구들에게 그가 마지
막으로 남긴 말은 이것입니다. "하나님을 신뢰하라. 그러면 두려워할
필요가 없다."[11] 하나님의 지고한 선하심을 그가 얼마나 신뢰했는지
가장 인상적으로 보여준 일은 아내 사라의 강인한 태도였습니다. 사
라는 의사의 편지를 받고 남편의 죽음을 알았습니다. 기록에 따르면,
사라의 첫 번째 반응은 딸 에스더에게 편지를 쓰는 일이었습니다. 에
드워즈가 죽은 지 2주째 되는 4월 3일에 이 편지를 썼습니다.

참으로 사랑하는 내 딸아!

무슨 말을 해야 할까? 거룩하고 선하신 하나님께서 먹구름으로 우리
를 덮으셨구나. 오, 그 막대기에 입을 맞추고, 손으로는 입을 막기를!
주님이 하신 일이다. 그와 오랫동안 함께 있게 해주신 주님의 선하심
을 찬양한다. 나의 하나님은 살아 계시고, 내 마음은 주의 것이다. 오,
내 남편, 네 아버지는 얼마나 큰 유산을 남기고 떠났는지! 우리는 하나
님께 온전히 바쳐진 사람들이다. 나는 그 안에 있고, 또한 그 안에 있기
를 사모한다.

항상 널 아끼는 엄마,

사라 에드워즈[12]

6장 | 감미로운 주권에 복종하라
에드워즈의 신학

조나단 에드워즈가 설교한 내용과 방식은 하나님에 대한 통찰에서 비롯되었습니다. 그의 설교에 대해 논하기 전에 그 통찰을 잠시 살펴 볼 필요가 있습니다. 1735년에 그는 "너희는 가만히 있어 내가 하나 님 됨을 알지어다"(시 46:10)라는 본문을 가지고 설교했습니다. 그는 이 본문에서 다음과 같은 교리를 전개해 나갑니다.

> 하나님은 이성을 거슬러 복종하라고 하시지 않고, 복종의 이유와 근거 를 깨달아 복종하라고 하십니다. 이렇게 볼 때, 그분이 하나님이시라 는 한 가지 사실만 고찰해도 그분의 주권적인 행하심에 대한 모든 반 대와 반발을 잠재우기에 충분합니다.[1]

그분은 하나님이시다라는 중대한 진리를 잠잠히 상고하는 가운데, 조나단 에드워즈는 존재 자체가 무한한 능력과 무한한 지식과 무한한 거룩함을 의미하는 엄위하신 분을 보게 되었습니다. 그는 계속해서 이렇게 논증합니다.

> 하나님이 하신 일을 보면 그분의 명철과 능력이 무한하심을 분명하게 알 수 있습니다.……이처럼 명철과 능력이 무한하신 분은 온전히 거룩하실 수밖에 없습니다. 거룩하지 못하다는 것은 항상 결함과 무지가 있다는 증거입니다. 어둠과 미혹이 없는데도 거룩하지 못할 수는 없습니다.……능력과 지식이 무한하신 하나님은 스스로 충만하시고 충분하실 수밖에 없습니다. 그러므로 그분이 유혹을 받아 어그러진 일을 행하시는 경우는 절대 있을 수 없습니다. 하나님은 어그러진 일을 추구하실 수가 없습니다.……이처럼 하나님은 본질적으로 거룩하신 분입니다. 하나님이 어그러진 일을 하시는 것보다 더 불가능한 일은 없습니다.[2]

에드워즈가 볼 때 이 무한한 능력과 절대적인 주권은 온전한 충만하심의 원천입니다. 그리고 온전한 충만하심은 온전한 거룩하심의 원천입니다. 그분이 거룩하시다는 것은(에드워즈가 『신앙감정론』에서 말하는 것처럼) 도덕적으로 뛰어나시다는 것을 의미합니다. 이처럼 하나님의 주권은 에드워즈가 하나님에 대해 믿은 진리들 중에서도 결정적으로 중요한 것이었습니다.[3]

스물예닐곱 살 무렵, 그는 하나님의 주권 교리를 사랑하게 된 9년 전을 회상하며 다음과 같이 썼습니다.

하나님의 주권 교리와 관련하여 내 마음에 놀라운 변화가 일어났다. 그때부터 지금까지……하나님의 절대적인 주권을…… 내 마음은 마치 눈으로 본 것처럼 확신하고 안심할 수 있을 것 같다. ……이 교리가 몹시 즐겁고, 밝고, 감미롭게 다가올 때가 자주 있다. 절대 주권은 내가 기꺼이 하나님께 돌려드리고 싶은 속성이다.……하나님의 주권은 항상 영광의 큰 부분으로 다가온다. 최고의 주권을 가지신 하나님께 나아가 경배하는 것이 기쁨이 될 때가 많다.[4]

에드워즈가 하나님을 바라보며 그분의 절대적인 주권에 사로잡혔다고 해서 현실을 도외시하지는 않았습니다. 현실도 영광의 일부였습니다. 현실 또한 그가 엄청난 열정으로 사랑했던 무한히 영광스러운 분의 크고 긴요한 일부를 이루고 있다는 점에서 감미로운 것이었습니다.

하나님에 대한 이러한 통찰에서 추론할 수 있는 사실이 두 가지 있습니다. 첫째는 하나님이 행하시는 모든 일의 목적은 자신의 영광을 지키시고 드러내시려는 데 있다는 것입니다. 하나님의 모든 행동은 부족함에서 나오는 것이 아니라, 충만함에서 흘러나옵니다. 우리의 행동은 대부분 부족한 것을 보완하고 모자란 것을 채우려는 동기에서 나옵니다. 그러나 하나님은 결핍을 채우려고 움직이시는 법이 없습니다. 보완책을 강구하시는 법이 없습니다. 그분의 모든 행동은 절대적인 주권과 온전히 충만한 원천에서, 가득한 데서 넘쳐 나오는 것입니다. 다시 말해서 하나님은 자신의 영광에 무엇을 보태려고 행동하시는 것이 아니라, 그 영광을 보전하고 나타내려고 행동하십니다(이 점은 『하나님이 세상을 창조하신 목적』*Dissertation Concerning the End for Which God Created the World*에 훌륭하게 설명되어 있다).[5]

하나님에 대한 통찰에서 추론할 수 있는 또 한 가지 사실은, 하나님의 영광을 즐거워하는 것이 인간의 의무라는 것입니다. 내가 의도적으로 즐거워하는 것이라는 말을 강조하는 이유는, 에드워즈 당시나 지금이나 "하나님을 영화롭게 하며 그분을 영원토록 즐거워하는 것이야말로 인간의 주된 목적"이라고 기꺼이 말하는 이들이 많기 때문입니다. 그러나 전반적으로는 이것을 해도 되고 안 해도 되는 일쯤으로 여기며, 하나님을 영원토록 즐거워함으로써 그분을 영화롭게 하는 것이 인간의 주된 목적이라는 에드워즈의 말이 무슨 뜻인지 이해하지 못하고 있습니다.

즐거워하는 것은 에드워즈가 말하는 감정입니다(애정emotion이라고 해도 된다). 그가 『신앙감정론』*A Treatise Concerning the Religious Affection*이라는 중대한 책에서 주장한 주된 요점은 "참된 신앙은 대부분 거룩한 감정에 있다"라는 것입니다.[6] 그는 감정을 "영혼의 의지와 의향을 좀 더 격렬하고 예민하게 행사하는 것"이라고 정의했습니다. 이를테면 미움이나 욕망이나 기쁨이나 즐거움이나 비탄이나 소망이나 두려움이나 감사나 긍휼이나 열심과 같은 것들입니다.

그러므로 하나님을 즐거워하는 것이 인간의 의무라고 말하기 전에, 그것이 결코 간단한 일이 아님을 알아야 합니다. 하나님을 즐거워하는 것은 복잡한 일입니다. 마음에 격렬한 의향이 생길 때에는 항상 다른 요소들이 연루되게 되어 있습니다. 하나님의 영광을 즐거워하는 것에는, 예를 들어 죄에 대한 미움과 하나님을 기쁘시게 하지 못하면 어떡하나 하는 두려움, 하나님의 약속에 대한 소망, 하나님과 교제하는 데서 나오는 만족감, 하나님의 아들이 마지막에 나타나실 것에 대한 열망, 그분이 이루신 구속에 대한 환희, 그분을 사랑하지 못한 데에 대한 비탄과 뉘우침, 자격 없는 자에게 베푸신 혜택에 대한 감사, 하나님의 목적을 이루려는 열심, 의에 대한 굶주림 등이 포함됩니다. 하나님께 대한 우리의 의무는 이처럼 모든 감정을 다해 그분의 실재에 합당한 반응을 함으로써 그분의 영광을 반영하는 것입니다.

에드워즈는 참된 신앙에는 반드시 거룩한 감정이 따른다고 굳게 확신했습니다. "거룩한 감정이 없는 사람은 영적으로 죽은 사람이며 성령의 강력한 추동력을 전혀 느끼지 못하는 사람이다."[7]

그뿐 아니라, 거룩한 감정에 인내가 없으면 참된 신앙(또는 참된 성도)이 아닙니다. 인내는 선택받은 자의 표지요 최종적인 구원의 표지입니다. "경건하게 살려 하지 않는 자들은 스스로 택함 받지 못한 자임을 알게 되며, 경건하게 살고자 하는 사람은 스스로 택함 받은 자임을 알게 된다."[8]

믿음으로 의롭다 하심을 받는다고 믿었던 에드워즈는 그것이 인내와 어떤 관련이 있는지에 대해 깊이 생각했습니다. 지금도 그렇지만 그 당시에도 "믿음이란 무엇인가?" 하는 것이 가장 큰 문제였습니다. 에드워즈는 이에 대해 결정적인 두 가지 이야기를 했습니다. 첫째로, 구원받는 믿음에는 "진리를 믿는 믿음과 그에 상응하는 마음의 성향"이 포함됩니다.[9] 다시 말해, 믿음은 "그에 상응하는 마음의 성향"이라는 점에서 감정과 별개의 것이 아닙니다. 믿음은 "영혼으로 우리 구주 예수 그리스도의 계시를 전부 끌어안는 것"입니다. 사랑의 포옹입니다. "믿음은……거룩한 사랑의 원리에서 생겨납니다"(고전 13:7, 요 3:19; 5:42 이하와 비교). "하나님을 향한 사랑은 구원받는 믿음의 주된 요소입니다." 다시 말해 믿음은 "뛰어나고 거룩한 것을 영적으로 음미하고 향유하는 데서" 생겨납니다.[10] 그렇기 때문에 하나님을 즐거워하는 것이 믿음의 뿌리가 되는 것입니다. 믿음은 하나님을 즐거워하는 마음의 본질적인 표출입니다. 현대의 가르침과 달리, 구원받는 믿음이란 감정과 아무 상관 없는 단순한 의지의 결단에 불과한 것이 결코 아닙니다.

둘째로, 구원받는 믿음은 인내하는 믿음입니다. "하나님은 [구원받는 믿음의] 실질적인 첫 행위로 나타나는 [믿음의] 인내를 존중하신다. 인내는 죄인이 의롭다 하심을 받을 수 있는 믿음의 속성으로 간주된다."[11] 다시 말해서 구원받는 믿음의 첫 행위로 나타나는 인내는, 장차 계속 이어지며 더 넓게 뻗어 나갈 인내의 참나무를 속에 품고 있는 도토리와 같습니다. 성경은 최종적인 구원에 이 믿음의 인내가 꼭 필요하다고 합니다. 우리는 회심할 때 믿음으로 단번에 의롭다 하심을 받지만, 또한 믿음으로 인내하기도 해야 합니다(확실히 인내하게 된다). 우리는 회심할 때 거룩한 감정의 열매를 씨의 형태로 받습니다.

그러므로 "회개와 회심에 주의와 관심을 기울이는 것만큼 구원을 위해 인내하는 일에도 주의와 열심을 쏟아야" 합니다.[12] 이것은 에드워즈가 설교하는 방식에 지대한 영향을 끼쳤습니다. 설교는 성도의 인내를 돕는 은혜의 수단입니다. 최종적인 구원을 받으려면 인내가 필요합니다. 이 점에서 모든 설교는 "구원 설교"입니다. 설교의 목적은 단지 죄인을 회심시키려는 데만 있는 것이 아니라, 성도의 거룩한 감정을 보전함으로 부르심과 택하심을 굳게 붙잡아 구원받게 하려는 데도 있기 때문입니다.

요컨대, 조나단 에드워즈가 잠잠히 하나님이 하나님 되심을 알았을 때, 그의 눈앞에는 절대적인 주권을 가지신 하나님, 스스로 충만하시고 온전히 충만하신 하나님, 무한히 거룩하신 하나님, 그렇기에 온전히 영광스러우신 하나님의 모습이 보였던 것입니다. 하나님은 자신의 부족함을 채우려고 행동하시는 것이 아니라(그분에게는 부족함이 없으므로), 항상 자신의 충만하심을(무한한 충만하심을) 나타내기 위해 행동하십니다. 그분은 자신의 영광을 위해 행하십니다. 그러므로 우리의 의무와 특권은 그분의 목적에 부응하여 하나님의 영광을 즐거워함으로 그 가치를 드러내는 것입니다. 우리의 소명과 기쁨은 사는 동안 온 마음을 다해 하나님을 신뢰함으로 그분의 영광스러운 은혜를 나타내는 것입니다.

7장 | 하나님을 최고로 높이라
에드워즈의 설교

하나님에 대한 에드워즈의 통찰은 어떤 설교를 낳았을까요? 에드워즈가 노샘프턴에서 목회하는 동안 뉴잉글랜드 대각성 운동을 점화시키기 위해 하나님이 사용하신 설교는 어떤 설교였을까요? 영적 각성은 분명 하나님의 주권적인 역사입니다. 그러나 하나님은 그 주권적인 역사를 위해 수단을 사용하시되, 특히 설교를 사용하십니다. "자기의 뜻을 따라 진리의 말씀으로 우리를 낳으셨느니라"(약 1:18). "하나님께서 전도의 미련한 것으로 믿는 자들을 구원하시기를 기뻐하셨도다"(고전 1:21).

저는 에드워즈 설교의 핵심을 열 가지 특징으로 정리하고자 했습니다. 그리고 이 특징들이 우리 시대에 귀한 가치가 있다고 확신하기에, 단순히 에드워즈와 관련된 사실을 알리기 위해서가 아니라, 여러분께 도전을 드리기 위해 '좋은 설교의 열 가지 특징'이라고 이름

붙인 그 내용을 제시하고자 합니다. 이 특징들은 에드워즈의 설교 방식과 그가 간간이 설교에 대해 언급했던 말들에서 추려 낸 것입니다.

1. 거룩한 감정을 불러일으키라

좋은 설교의 목적은 "거룩한 감정"—죄에 대한 미움, 하나님을 즐거워하는 마음, 그분의 약속을 기대하는 소망, 그분의 자비에 대한 감사, 거룩해지려는 열망, 부드러운 긍휼 같은 감정—을 불러일으키는 것입니다. 그리스도인에게 거룩한 감정이 없다는 것은 끔찍한 일이기 때문입니다.

> 신앙이란 지대한 것이므로, 우리의 마음이 생생하고 강력하게 움직이지 않는 것만큼 신앙의 본질과 중요성에 부합되지 않는 모습은 없다. 우리의 의향은 어떤 영역에서보다 신앙의 영역에서 활발히 움직여야 한다. 신앙이 있는데 마음이 미지근한 것만큼 끔찍한 일은 없다.[1]

다른 곳에서도 에드워즈는 말했습니다. "참된 신앙이 무엇보다 감정에 있는 것이라면……듣는 자들의 마음이 깊은 영향을 받도록……그렇게 말씀을 설교하는 일이……간절히 필요하다고 추론할 수 있다."[2]

물론, 보스턴의 위엄 있는 성직자들은 이처럼 감정을 겨냥하는 것을 아주 위험하게 여겼습니다. 일례로 찰스 촌시는 "요즘 전반적으로 어찌나 열정을 강조하는지, 사람들을 혼란에 빠뜨리는 것이 마치 신앙의 주요 특징인 양 말하는 게 엄연한 사실"이라고 비난하기도 했습니다.[3] 에드워즈는 이에 대해 정교하고 균형 잡힌 답변을 내놓았습니다.

> 사람들에게 생긴 것이 감정이라고 부를 만한 가치가 있고, 그 감정이 원래의 중요성 이상으로 부풀려지지 않는 한, 목회자가 청중의 감정을 과도히 부추긴 일에 비난받아야 한다고 생각하지 않는다.……청중이 오직 진리의 영향을 받고 본질에 거스르지 않는 감정의 영향을 받기만 한다면, 최대한 그런 감정을 불러일으키는 것이야말로 나의 의무라고 생각한다. 아주 간절하고 애절하게 설교하는 방식을 무시하는 풍조가 오랫동안 유행했던 것을 안다. 학식과 추론 능력, 정확한 용어와 방법론을 한껏 과시하는 설교자들만 귀한 대접을 받아 왔다. 사람들은 그런 설교를 설교의 목적에 가장 잘 부응하는 설교로 여겨 왔지만, 나는 그것은 이해력이 부족한 설교 내지는 인간의 본질을 충분히 고려하지 못하는 설교라고 감히 생각하는 바다. 과거와 현재의 경험을 보면 이 사실을 충분히 확인할 수 있다.[4]

요즘 사람들은 외적인 사랑과 공의의 행동이 아닌 마음의 감정을 목표로 삼는 이유가 대체 무엇이냐고 질문할지 모릅니다. 그 질문에 대한 에드워즈의 대답은 행동의 원천인 감정을 먼저 변화시킴으로써 행동을 변화시키는 것이 자신의 목적이라는 것입니다. 그가 이런 전략을 택한 데는 두 가지 이유가 있었습니다. 하나는 좋은 나무에서 나쁜 열매가 맺힐 수 없다는 것입니다. 그는 위대한 저작 『신앙감정론』에서 이 점을 입증하는 일에 가장 많은 분량을 할애합니다. "은혜롭고 거룩한 감정은 그리스도인의 실천 속에서 작용하며 열매를 맺는다."⁵ 에드워즈가 감정을 목표로 삼았던 것은, 감정이야말로 모든 경건한 행동의 원천이기 때문입니다. 좋은 나무를 만들면, 좋은 열매가 맺힙니다.

그가 거룩한 감정을 불러일으키는 것을 목표로 삼았던 또 한 가지 이유는 "외적으로 좋은 열매는, 그것을 만들어 내는 좋은 작용이 있기 때문"이라는 사실에 있습니다.⁶ 하나님이 주신 새로운 마음의 감정, 하나님께 의지하기를 기뻐하고 그분의 영광을 구하는 감정에서 흘러나오지 않는 자비의 행위나 경건한 행위는 율법주의에 불과하며 하나님을 존귀하게 하지 못합니다. 자기 몸을 불사르게 내주어도 사랑이 없으면 아무 유익이 없습니다(고전 13:3).

청중에게 거룩한 감정을 불러일으키는 것을 목적으로 삼는 설교가 좋은 설교입니다. 좋은 설교는 마음을 겨냥합니다.

2. 정신을 깨우치라

그렇습니다. 에드워즈는 "머리를 채우기보다는 마음의 감화를 받아야 한다. 무엇보다 마음을 감화시키는 설교가 가장 필요하다"라고 했습니다.[7] 그러나 그가 사람들의 마음을 감동시키려 했던 방식은 오늘날 관계지향적이고 심리지향적인 설교자들이 청중을 감동시키려 하는 방식과 엄청나게 다른 것이었습니다.

에드워즈는 1744년에 세례자 요한에 대한 본문, 곧 "요한은 켜서 비추이는 등불이라"(요 5:35)는 말씀으로 목사 장립식 설교를 했는데, 그 주된 요점은 설교자란 무릇 켜서 비추이는 등불이 되어야 한다는 것이었습니다. 설교자는 마음이 뜨겁고 정신이 밝아야 합니다. 빛이 있으면 당연히 뜨거워지기 마련입니다.

목회자가 빛만 있고 뜨거움이 없을 때, 하나님과 사람들의 유익을 도모하는 열심이나 경건의 능력이나 영혼의 열정 없이 그저 박식한 논의로만 청중을 즐겁게 할 때, 가려운 귀는 긁어 줄 수 있고 듣는 이들의 머리는 공허한 개념으로 채워 줄 수 있을지 모릅니다. 그러나 그들의 마음에는 이를 수 없으며 그들의 영혼은 구원할 수 없습니다. 또 한편으로 막무가내 열심과 걷잡을 수 없는 뜨거움은 있는데 빛은 없을 때, 청중도 목회자처럼 거룩하지 못한 불꽃에 휩싸이기 쉬우며 타락한 열정과 감정에 휘말리기 쉽습니다. 그런 목회자는 청중을 더 나은 성도로 만들거나 천국에 한 걸음 더 가까이 이끌기는커녕 오히려 반대 방향으로 서둘러 몰아낼 것입니다.[8]

뜨거움과 빛이 함께 있어야 합니다. 타오르면서 또한 빛나야 합니다! 정신을 밝게 비추어 주는 일이 아주 중요합니다. 진리를 이해한 데서 나오지 않는 감정은 거룩한 감정이 아니기 때문입니다. 예컨대 그는 다음과 같이 말합니다.

> 영적인 빛이 없는 신앙은 빛에 속한 자녀의 신앙이 아니며 낮에 속한 신앙도 아니다. 오히려 그 사람은 어둠에 속한 자녀이기 십상이다. 영적인 빛이나 눈이 없는데도 믿을 것을 강요하고 재촉하는 것은 오히려 어둠의 임금이 그들을 미혹하는 데 크게 협조하는 결과를 낳기 쉽다.[9]

그는 훨씬 더 강력한 말도 합니다.

> 기독교 신앙의 진리를 참으로 납득함으로써 신앙적인 감정이 생긴 경우를 생각해 보자. 합리적인 납득이나 확신에서 나오지 않은 감정은 좋은 것이 아니다. 여기서 합리적인 확신이란 실제 증거에 입각한 확신, 충분한 이유 내지는 정당한 근거에 입각한 확신을 뜻한다.[10]

좋은 설교자는 자신이 불러일으키고자 하는 감정의 "충분한 이유"와 "정당한 근거"를 제시하는 것을 목적으로 삼습니다. 에드워즈는 절대 감정을 조작하지 않았습니다. 청중을 이성적인 존재로 대우했으며, 오직 그들의 정신에 진리의 빛을 비춤으로써 그들의 마음을 움직이고자 했습니다.

그는 다음과 같이 가르쳤습니다.

신앙의 교리를 분명하고 명료하게 설명하기 위해 노력하고, 각 교리에 수반되는 어려움을 풀어 주며, 이성적이고 논리적인 설득력으로 확신을 주고, 전개해 나가는 과정에서 청중이 제대로 이해하며 기억할 수 있도록 그 방법과 순서를 쉽고 분명히 하는 것은 설교하는 사역자에게 아주 유익하다.[11]

이것이 유익한 이유는 거룩한 진리로 청중의 정신을 깨우치는 것이야말로 좋은 설교의 목적이기 때문입니다. 하나님이 250년 전 뉴잉글랜드를 각성시키기 위해 사용하신 것이 바로 이 뜨거움과 빛, 타오름과 빛남, 머리와 가슴, 심오한 교리와 깊은 즐거움의 놀라운 조합이었습니다. 우리가 청중의 정신을 깨우치고 마음을 불붙이려 할 때, 하나님께서 오늘날 다시 한번 이 방법을 사용하시지 않겠습니까?

3. 성경에 푹 잠기라

저는 좋은 설교란 "성경에 기초한" 설교가 아니라 "성경에 푹 잠긴" 설교라고 말하고 싶은데, 성경은 좋은 설교의 기초 그 이상(이하가 아니라)이기 때문입니다. 성경을 기초로만 깔아 두고 다른 이야기를 하는 설교는 좋은 설교가 아닙니다. 좋은 설교는 성경이 절로 배어나는 설교입니다.

이제 첫걸음을 내디딘 설교자들에게 제가 거듭 권면하는 말이 있습니다. "본문을 인용하라! 본문을 인용하라! 본문이 실제로 말하는 바를 반복해서 전하라. 자신의 생각이 어디에 근거한 것인지 밝히라." 대부분의 사람들은 설교자의 말과 그가 설교하는 본문이 서로 어떻게 연관되는지 쉽게 알아채지 못합니다. 실제로 성경을 풍성하게 인용함으로써 그 연관성을 자꾸 밝혀 주어야 합니다. 에드워즈는 설교 원고를 작성하면서 각 구절마다 자기 말의 근거를 적는 데 많은 힘을 바쳤습니다. 주제의 실마리가 된 성경구절을 일일이 적었습니다. 그는 성경구절이 설교에 배어나야 하는 이유를 이렇게 밝힙니다. "이를테면 이것은 의의 태양에서 나오는 광선과 같다. 목회자는 그 태양광선으로 깨우침을 받아야 하며, 그 빛을 청중에게 전달해야 한다. 목회자의 마음과 청중의 마음이 그 광선으로 불붙어야 한다."[12]

그는 목회 초기의 경험을 회고하면서 다음과 같이 말했습니다.

그 시절, 또는 다른 때도, 성경이 어떤 책보다 큰 기쁨이 되었다. 읽고 있는 모든 단어가 마음을 건드리는 것 같을 때가 많았다. 그 감미롭고 강력한 말씀과 내 마음속 무엇인가가 서로 어우러지는 것이 느껴졌다. 구절구절마다 어찌나 많은 빛과 신선한 양식이 쏟아지는지 계속 읽어나갈 수가 없었다. 한 문장에 담겨 있는 경이를 바라보다 시간을 다 보

낼 때가 많았다. 그런데 거의 모든 구절이 경이로움으로 가득 차 있는 것만 같았다.[13]

에드워즈의 성경 지식이 얼마나 완벽했는지, 특히 당대 최고의 신학적·도덕적·철학적 학문에 얼마나 능했는지 살펴보면 절로 경외감이 듭니다. 그가 학창시절에 작성한 결심문에 "꾸준히, 지속적으로, 가능한 한 자주 연구함으로써 성경을 분명하게 알고 성경을 아는 지식에 자라가기로 결심한다"라는 것이 있습니다.[14] "꾸준히, 지속적으로, 자주"—바로 이것이 에드워즈의 설교에 성경이 그토록 넘쳐날 수 있었던 원천이었습니다.

그가 연구하는 방법은 성경 본문과 관련된 내용을 무수히 기록하면서 통찰력을 줄 만한 실마리를 할 수 있는 한 모두 찾아내는 것이었습니다.

목회 초기부터 나의 연구 방법은 상당 부분 기록에 의존하고 있었다. 나는 이 방법을 통해 모든 중요한 실마리를 발전시켰다. 무엇을 읽을 때든, 묵상할 때든, 대화를 나눌 때든 중대한 요점에 빛이 될 만한 단서가 보이면 최대한 붙들고 씨름했다. 나 자신의 유익을 위해, 수많은 주제들과 관련하여 최고의 생각이라고 여겨지는 것들을 적어 나갔다.[15]

그의 펜은 해석의 눈이 되었습니다. 그도 칼뱅처럼(그는 『기독교강요』

서문에서 이 말을 했습니다) 쓰면서 배웠고, 배우면서 썼습니다. 그가 이 방법으로 발견한 내용들을 보면 우리의 조급한 성경 묵상이 얼마나 얕팍한지 깨닫게 됩니다.

제가 에드워즈의 책을 좋아하는 이유는 청교도들의 책을 좋아하는 이유와 똑같습니다. 에드워즈의 책을 읽으면, 마치 온 마음으로 성경을 느끼고 깊이 이해하는 사람의 눈을 빌려 성경을 읽고 있는 것 같습니다. 좋은 설교(다른 표현을 써도 좋습니다)는 이처럼 성경에 푹 잠긴 설교입니다. 에드워즈의 말처럼 목회자는 "신학 공부가 잘 되어 있어야 하고, 기록된 하나님의 말씀을 익히 알며 성경 본문에 능해야" 합니다.[16]

4. 비유와 이미지를 사용하라

경험적으로 보나 성경적으로 보나, 사람의 마음은 추상적인 관념이 아니라 실재에 대한 생생하고 강렬한 이미지를 풍성히 전달받을 때 아주 큰 감동을 받습니다. 에드워즈는 분명히 최상에 속하는 철학자요 형이상학자입니다. 그는 이론의 중요성을 믿었습니다. 그러면서도 추상적인 관념으로는 감정에 불을 붙이기 어렵다는 것을 알았습니다. 그런데 설교의 목적은 새로운 감정을 불러일으키려는 데 있습니다. 그래서 에드워즈는 천국의 영광은 더할 나위 없이 아름답게 묘사하고 지옥의 고통은 말할 수 없이 끔찍하게 묘사하려고 애를 썼습니다. 추상적인 신학적 진리를 일상적인 사건과 경험에 빗대어 설명하려고 노력했습니다.

세레노 드와이트는 말합니다. "에드워즈의 모든 작품에는, 심지어 가장 형이상학적인 경우에도 풍부한 실례가 등장하며, 또한 그의 설교도 갖가지 이미지로 가득하여 그 받은 인상이 강렬하고 오래 간다는 사실을 그의 저작에 밝은 사람들은 굳이 말해 주지 않아도 알 것이다."[17]

그는 가장 유명한 설교인 '진노하시는 하나님의 손에 잡힌 죄인들'Sinners in the Hands of an Angry God에서 "하나님 곧 전능하신 이의 맹렬한 진노의 포도주 틀"이라는 표현이 나오는 요한계시록 19:15을 언급하며 이렇게 말했습니다.

> 이것은 심히 무서운 표현입니다. 그냥 "하나님의 진노"라고만 했어도 한없이 두려운 그 진노가 느껴졌을 텐데, "맹렬한 진노"라는 말을 쓰고 있습니다. 하나님의 분노! 여호와의 맹렬함! 오, 얼마나 두려운 말입니까! 감히 누가 이런 표현을 마음에 품거나 입 밖에 낼 수 있겠습니까?[18]

에드워즈가 하나님의 말씀을 전하는 모든 설교자에게 던지는 도전이 바로 이것입니다. 천국과 지옥의 실재에 합당한 느낌을 깊이 불러일으킬 만한 이미지와 유비를 찾아낼 수 있는 사람이 과연 누가 있겠습니까? 에드워즈가 너무 심한 지옥의 이미지를 사용했다고 비난하는 사람은 성경도 비난해야 할 것입니다. 그는 "하나님 곧 전능하신 이의 맹렬한 진노의 포도주 틀"이라는 성경구절이 담고 있는 끔찍한 실재를 최대한 가깝게 묘사해 줄 언어를 모색한 것에 불과합니다.

오늘날 우리는 그 정반대로 하고 있습니다. 지옥을 에둘러 표현할 말을 찾고 있으며 성경구절이 전달하는 공포와 거리가 먼 이미지를 찾기 위해 애쓰고 있습니다. 그 결과 부분적으로는, 천국을 매력적으로 보이게 하고 은혜를 놀라운 것으로 보이게 하려는 우리의 시도가 종종 처참할 정도로 초라해지고 마는 것입니다. 에드워즈처럼 실재에 가까운 인상을 교인들의 마음에 남기는 이미지와 비유를 찾기 위해 노력해야 합니다.

에드워즈가 천국과 지옥에 대해서만 비유와 이미지를 사용한 것은 아닙니다. 설교가 어떤 것인지 설명하기 위해 메스를 든 의사의 비유를 사용했고, 회심하면서 새로운 모든 감정과 함께 새로운 생명은 생겼지만 중생하지 못한 자들과 아직은 충분히 구별되지 못한 상태를 설명하기 위해 인간의 배아와 동물의 배아를 비교하기도 했습니다. 정결한 마음에 부정한 부분이 남아 있는 상태를 술이 통에서 발효되는 동안 찌꺼기가 가라앉는 일에 비유했고, 영혼의 거룩함을 온갖 아름다운 꽃이 만발한 하나님의 정원에 비유했습니다. 이처럼 그의 설교는 잘 이해할 수 있도록 빛을 비추어 주며 감정을 뜨겁게 불붙여 주는 이미지와 비유들로 가득 차 있었습니다.

5. 위협하고 경고하라

에드워즈는 지옥을 잘 알았고, 천국은 더욱 잘 알았습니다. 제가 1971-1972년 겨울 저녁, 독일 뮌헨에서 아내 노엘과 함께 앉아 '천국은 사랑의 나라'Heaven Is a World of Love라는 에드워즈의 설교를 읽었던 일이 생생하게 기억납니다. 정말 굉장했습니다! 만약 설교자들이 에드워즈처럼 영광을 묘사하고 하나님을 그려 낼 수 있다면, 새로운 각성운동이 교회에 일어날 것이 분명합니다.

지옥의 공포를 알고 벌벌 떠는 자가 천국을 가장 열망하는 법입니다. 에드워즈는 지옥의 실재를 굳게 믿었습니다. "정말 두렵고 무서운 교리지만, 이 또한 하나님의 교리다."[19] 그래서 그는 예수의 위협을 거친 사랑의 표현으로 받아들였습니다. "형제를 대하여……미련한 놈이라 하는 자는 지옥 불에 들어가게 되리라"(마 5:22). "네 백체 중 하나가 없어지고 온 몸이 지옥에 던져지지 않는 것이 유익하며"(마 5:30). "오직 몸과 영혼을 능히 지옥에 멸하실 수 있는 이를 두려워하라"(마 10:28). 에드워즈는 예수께서 이렇게 강경하게 말씀하신 문제에 침묵을 지킬 수 없었습니다. 지금도 지옥은 회심하지 않은 모든 인간을 기다리고 있습니다. 사랑한다면 마땅히 주님의 이 말씀들로 경고해야 합니다.

오늘날 설교에 위협과 경고가 거의 없는 이유는 두 가지입니다. 첫째, 위협과 경고는 죄의식과 두려움을 일으키기 때문에 비생산적이라는 것입니다. 둘째, 성도는 이미 안전하기 때문에 불필요한 위협과 경고는 신학적으로 합당치 못하다는 것입니다. 에드워즈는 두 가지 이유를 모두 배척합니다. 참된 실상을 깨달으면 당연히 두려움과 죄의식이 생기게 되어 있습니다. 두려움과 죄의식을 불러일으키는 것은 온당한 일이며 마땅히 추구할 일입니다. 또 성도가 하나님의 전능하신 보호 안에서 안전하다는 말은 맞지만, 그 안전한 신분은 성경의 경고에 기꺼이 주의하며 경건을 지켜 나가는 모습으로 나타나게 마련입니다. "그런즉 선 줄로 생각하는 자는 넘어질까 조심하라"(고전 10:12).

에드워즈는 "그들의 사랑이 식을 때……두려움이 생기게" 하심으로써 하나님이 교회에 활력을 주신다고 했습니다. "죄를 억제하고 자기 영혼의 유익에 주의하려면 두려움이 필요하다. 그 점이 잘 정돈되고 나면 사랑이 생긴다.……두려움은 사라지고 쫓겨난다."[20]

이처럼 그는 한편으로는 "하나님의 진노와 장래의 형벌은 모든 부류의 사람들에게, 악인뿐 아니라 경건한 자들에게도 순종의……동기가 된다"라고 말하고,[21] 또 한편으로는 "마음을 부드럽게 만들고 죄를 두려워하게 만드는 데 훨씬 더 효과적인 원리는……지옥을 종처럼 두려워하는 마음이 아니라 거룩한 사랑과 소망이다"라고 말합니다.[22] 지옥 설교 그 자체가 목적은 아닙니다. 겁을 주어 천국에 보낼 수는 없습니다. 천국은 단순히 고통을 싫어하는 자들을 위한 곳이 아니라 정결함을 사랑하는 자들을 위한 곳입니다. 그럼에도 에드워즈는 말합니다. "겁을 주어 천국에 보내려 하는 것은 온당치 못한 일이라고 말하는 이들이 있다. 그러나 나는 겁을 주더라도 지옥에서 도망치게 하는 것이 온당하다고 생각한다. 겁을 주더라도 불타고 있는 집에서 빠져나오게 하는 것이 온당하다."[23]

이처럼 좋은 설교는 바울이 갈라디아 사람들에게 경고했듯이 회중에게 성경적인 경고의 메시지를 전하는 설교입니다. "전에 너희에게 경계한 것같이 경계하노니 이런 일을 하는 자들은 하나님의 나라를 유업으로 받지 못할 것이요"(갈 5:21). "높은 마음을 품지 말고 도리어 두려워하라"(롬 11:20). 베드로도 "외모로 보시지 않고 각 사람의 행위대로 심판하시는 이를 너희가 아버지라 부른즉 너희가 나그네로 있을 때를 두려움으로 지내라"(벧전 1:17)라고 경고했습니다. 사도 바울이 에베소 사람들에게 "그리스도 예수 안에서 우리에게 자비하심으로써 그 은혜의 지극히 풍성함을 오는 여러 세대에 나타내려 하심이라"(엡 2:7)라고 말할 때에도 그러했듯이, 이런 경고들은 설교자가 하나님의 엄청난 약속들과 천국의 모습을 묘사할 때, 그 풍성한 색채를 생생히 살려 주는 어두운 배경의 역할을 합니다.

6. 반응하도록 호소하라

에드워즈 같은 칼뱅주의자가 과연 사람들에게 지옥에서 도망치라고, 천국을 품으라고 호소하는 일이 가능할까요? 전적 타락과 무조건적인 선택, 불가항력적인 은혜를 믿는 사람이 그런 호소를 한다는 것은 모순 아닐까요?

에드워즈의 칼뱅주의는 성경에서 배운 것이었기에 설교할 때 많은 실수를 피할 수 있었습니다. 그는 무조건적인 선택이나 불가항력적인 은혜나 초자연적인 중생이나 육에 속한 사람의 무능함을 믿는다고 해서 청중에게 호소하면 안 된다고 생각하지 않았습니다. 오히려 "죄인들을……열심히 초청해서 복음이 제공하는……모든 매력적인 격려의 말로 구주께 나아와 그분을 영접하며 그분께 마음을 드리게 해야 한다"라고 말했습니다.[24]

몇 년 전, 개혁주의 전통을 따르는 한 설교자가 고린도전서 16장을 본문으로 설교하는 것을 들은 적이 있습니다. 그 본문은 "만일 누구든지 주를 사랑하지 아니하면 저주를 받을지어다"(고전 16:22)라는 무서운 경고로 끝나고 있었습니다. 그러나 그는 이 구절을 넌지시 언급만 하고 넘어가 버렸습니다. 그의 설교에는 그리스도를 사랑함으로 무서운 저주를 피하고 싶어하는 갈망도, 그렇게 하라고 외치는 호소도 없었습니다. 어떻게 그럴 수 있었는지 모르겠습니다. 극단적인 칼뱅주의 전통을 따르는 자들은, 하나님은 택한 자를 구원하시므로 설교자는 성령의 감동과 이끌림을 받았다는 증거를 가진 자들만 그리스도께로 초청하면 된다고 말합니다. 이 전통은 죄인들에게 정보만 알려 줄 뿐 회개는 호소하지 않는 설교를 길러 내고 있습니다.

에드워즈나 그를 따랐던 스펄전은 이런 것이 진정한 칼뱅주의

가 아님을 알았습니다. 그것은 성경에 위배되고 개혁주의 전통에도 어긋남을 알았습니다.

실제로 에드워즈는 『의지의 자유』*The Freedom of the Will*라는 중요한 책에서 다음과 같이 밝힙니다.

> 하나님이 인간을 도덕적인 존재로 대하시고 명령과 권고와 촉구와 경고와 훈계의 대상으로 대하시며 도덕적인 통치를 하시는 것과 우주의 온갖 일들을 결정하여 처리하시는 것 사이에는 아무런 모순이 없다.[25]

다시 말해서 청중에게 설교에 반응할 것을 호소하는 일과 하나님의 주권이라는 중대한 교리는 서로 위배되지 않습니다.

우리가 바라는 설교의 결과를 만들어 내시는 분은 분명 하나님이십니다. 그렇다고 해서 교인들의 반응을 위한 간절한 촉구가 필요 없는 것은 아닙니다. 에드워즈는 이렇게 설명합니다.

> 우리가 단순히 수동적이기만 한 것은 아니다. 하나님이 일부 하시고 우리가 나머지를 하는 것이 아니다. 하나님도 모든 일을 하시고 우리도 모든 일을 한다. 하나님은 모든 것을 만들어 내시며 우리는 모든 행동을 한다. 우리가 하는 행동 또한 하나님이 만들어 내시는 것이다. 오직 하나님만 진정한 작가요 원천이시다. 우리는 배우일 뿐이다. 어떤 측면에서 보느냐에 따라 우리는 완전히 수동적인 존재이기도 하고 완

전히 능동적인 존재이기도 하다.

성경은 똑같은 일을 하나님이 하셨다고도 하고 우리가 했다고도 한다. 하나님이 회개케 하신다고도 하고(딤후 2:25), 사람이 회개하고 돌이킨다고도 한다(행 2:38). 하나님이 새 마음을 주신다고도 하고(겔 36:26), 우리에게 마음을 새롭게 하라고도 한다(겔 18:31). 하나님이 할 례를 베푸신다고도 하며(신 30:6), 우리에게 마음에 할례를 행하라고 하기도 한다(신 10:16).……이것은 "너희에게 소원을 두고 행하게 하시나니"(빌 2:13)라는 말씀에 부합한다.[26]

그렇기에 에드워즈는 사람들에게 하나님의 말씀에 반응하여 구원을 받으라고 호소합니다. "자, 지옥에 갈 마음이 없고 조금이라도 구원 받고 싶은 마음이 있다면 지금 이때를 놓치지 마십시오! 지금은 은혜 받을 만한 때입니다! 구원의 날입니다.……이런 날에 마음을 강퍅하게 하지 마십시오!"[27] 이처럼 에드워즈는 거의 모든 설교에 교리의 의미와 맞물리는 '적용' 부분, 반응을 촉구하는 부분을 길게 포함시켰습니다. 오늘날처럼 이른바 "강단 초청"은 하지 않았습니다. 그러나 사람들을 "초청"하고 훈계했으며 하나님께 반응할 것을 호소했습니다.

하나님은 예수가 주신 사랑의 경고를 회피하지 않는 설교, 비할 데 없는 은혜의 약속들을 성도들에게 풍성히 알려 주면서 이런 하나님의 말씀을 헛되이 듣지 말라고 열정과 사랑으로 호소하는 설교에 성도들을 각성시키는 능력을 부어 주길 기뻐하시는 것 같습니다. 목사들이 사실만 전달하는 데 그치는 것은 비극입니다. 좋은 설교는 하나님의 말씀에 반응하라고 호소하는 설교입니다.

7. 마음의 움직임을 파헤치라

강력한 설교는 수술과 같습니다. 성령의 기름부음을 받아, 죄에 감염된 부위를 찾아내서 절개한 후 제거합니다. 에드워즈의 초기 전기 작가였던 세레노 드와이트는 "감화를 받지 못한 설교자는 인간의 마음과 그 작용에 대한 에드워즈의 지식을 도저히 따라갈 수가 없다"라고 했습니다.[28] 환자로서 에드워즈의 수술대 위에 직접 올라 본 경험으로 볼 때 드와이트의 판단은 정확합니다.

그렇다면 에드워즈는 어떻게 이토록 인간의 영혼을 깊이 알 수 있었을까요? 이 지식은 노샘프턴 교인들과 친하게 어울리는 가운데 생겨나지 않았습니다. 드와이트는 에드워즈처럼 줄곧 세상 뒤편으로 물러나 독서하고 상고한 사람은 없다고 했습니다. 아마도 그 지식은 전형적인 청교도로서 자기 성찰에 골몰하면서 생겨나기 시작했을 것입니다. 열아홉 살이었던 1723년 7월 30일, 그는 일기에 이렇게 썼습니다. "내가 그 일들을 하지 않은 진정한 이유들을 찾고 추적하며 내 생각의 미묘한 술수들을 면밀하게 찾아내는 의무를 다하겠다는 결론을 내렸다."[29] 그리고 한 주 후에는 "마음이 얼마나 기막히게 잘 속이는지, 욕망이 얼마나 극심하게……정신의 눈을 가려서 완전히 굴복시켜 버리는지 확실하게 알았다"라고 기록했습니다.[30] 인간의 마음에 대한 에드워즈의 통찰은 상당 부분 "그 자신의 마음을 철저히 파악한 데서"[31] 비롯되었다는 드와이트의 지적은 분명 옳습니다.

둘째, 에드워즈는 대각성 기간에 나타난 강렬한 신앙의 체험들을 살펴보며 옥석을 가려내는 과정에서 마음의 움직임에 대한 깊은 통찰을 얻었습니다. 『신앙감정론』— 원래는 1742-1743년에 설교로 전한 내용이었습니다—은 신앙의 자기기만성을 철저히 폭로하는 책입니다. 인간의 타락을 그 뿌리까지 가차 없이 파헤치는 책입니다. 에드워즈는 이처럼 교인들의 신앙 체험을 지속적으로, 주의 깊게 조사하는 가운데 사람의 마음이 어떻게 움직이는지 놀라우리만치 잘 파악하게 되었습니다.

셋째, 그는 성경에서 하나님이 인간의 마음에 대해 말씀하신 내용들을 꿰뚫고 있었기에 이런 지식을 얻을 수 있었습니다. 예컨대 그는 갈라디아 사람들의 신앙 체험이 어찌나 강렬했는지 바울을 위해 눈까지 뽑아 주려 했다는 갈라디아서 4:15에 주목하는 동시에, "내가 너희를 위하여 수고한 것이 헛될까 두려워하노라"라고 하는 11절에 주목합니다. 에드워즈는 여기서 최고의 강렬한 신앙 감정(기꺼이 눈을 뽑아 주려는 마음)이 곧 진정한 그리스도인의 확실한 표적은 아니라는(그래서 바울은 자기의 수고가 헛될 수도 있다고 한 것입니다) 현명한 결론을 내립니다.[32] 이러한 수년간의 연구가 그를 깊이 있는 영혼의 의사로 만들었고, 마음의 숨은 일들을 드러내는 설교를 하게 만들었으며, 몇 차례의 대각성 운동을 불러왔습니다.

　에드워즈는 말씀을 섬기는 자는 누구나 "실험적 신앙에 익숙해야 하며, 성령의 내적 작용과 사탄의 술책에 무지해서는 안 된다"라고 합니다.[33] 저는 그의 설교를 읽을 때마다 마치 벌거벗고 누워 있는 느낌이 듭니다. 마음의 비밀이 파헤쳐지고, 그 기만적인 움직임이 까발려집니다. 그리고 새로운 감정들에 잠재되어 있는 아름다움이 매력적인 모습을 드러냅니다. 저는 그의 글을 읽으면서 그 새로운 감정들이 제 속에 뿌리를 내리는 것을 느낍니다.

　에드워즈는 설교자를 의사에 비유합니다.

> 각성운동의 영향을 받은 자들을 즉시 위로해 주는 대신 진실을 선포하는 목회자를 비난하는 것은 마치 환자에게 메스를 대서 큰 고통을 주었다는 이유로 의사를 비난하는 것과 같다.……의사는 메스를 든 손을 멈추지 않고 상처의 근원까지 더 깊이 찔러 넣는다. 환자가 움찔한다고 곧바로 손을 거두는 마음 약한 의사는……환자의 상처를 가볍게 만진 다음 "평강하다, 평강하다"라고 외칠 것이다.[34]

이 의사와 메스의 비유는 에드워즈 자신의 설교에 딱 들어맞습니다. 우리는 벌거벗은 채 수술대 위에 오르거나 메스에 파헤쳐지고 싶어 하지 않습니다. 오, 그러나 암 덩어리를 떼어내고 나면 얼마나 좋습니까! 좋은 설교는 좋은 수술처럼 마음의 움직임을 파헤치는 설교입니다.

8. 기도로 성령께 굴복하라

1735년, 에드워즈는 '기도를 들으시는 지존하신 하나님'The Most High, a Prayer-Hearing God이라는 설교를 하면서 이렇게 말했습니다. "하나님은 자비를 베푸시기에 앞서 기도를 받으시길 기뻐하십니다. 마치 기도에 설득당한 것처럼, 기도의 결과로 자비를 베푸시기를 기뻐하십니다."[35] 설교의 목적을 이루려면 오직 하나님의 자비에 의지해야 합니다. 그렇기 때문에 설교가 거룩한 영향을 받도록 기도에 힘써야 하는 것입니다.

성령은 기도를 통해 설교자를 도우십니다. 그러나 에드워즈는 구체적인 말들이 직접 떠오르는 식으로 도움이 온다고는 생각하지 않았습니다. 성령이 구체적인 말들을 주셨다고 말하는 설교자가 있다면 그는 마귀가 되어 마귀의 일을 하는 것일 수 있습니다. 그렇습니다. 성령은 거룩한 감정으로 마음을 채우시며, 그 마음에서 입술의 말이 나오는 것입니다. "은밀하게 기도하는 가운데 거룩하고 생기 있는 상태를 유지하면, 설교의 내용과 표현들이 놀랍게 공급될 것이다."[36]

에드워즈는 그 당시 젊은이들에게 이렇게 권고했습니다.

목회자가 불을 붙여서 빛을 밝히려면 하나님과 긴밀히 동행해야 하며 그리스도와 늘 가까이 있어야 한다. 그래야 그분이 불을 붙여 주시고 빛을 밝혀 주신다. 목회자는 빛과 사랑의 원천이신 하나님을 간절히 찾으며, 기도로 그분과 대화해야 한다.[37]

그는 목회 초기에 자신이 어떻게 기도했는지 이야기해 주는데, 제가 볼 때 그 가치는 세월이 갈수록 퇴색하는 것이 아니라 점점 더 커지는 것 같습니다.

해마다 신령한 것들을 생각하는 데 대부분의 시간을 썼다. 혼자서 자주 조용한 곳과 숲을 거닐면서 묵상하고, 혼잣말을 하고, 기도하고, 하나님과 이야기를 나누었다. 그럴 때는 늘 상고한 내용을 소리 내서 노래하는 것이 나의 방식이었다. 어디서든지 거의 끊이지 않고 큰소리로 기도했다. 나에게 기도는 마음속에서부터 뜨겁게 뿜어 나오는 숨처럼 자연스러운 것이었다.[38]

에드워즈는 개인기도 외에도 스코틀랜드에서 시작된 광범위한 기도운동에 투신했습니다. 그는 "신앙의 부흥과 그리스도 왕국의 진전을 바라보며 비상한 기도로서 전 세계에 퍼져 있는 하나님 백성의 분명한 연합과 확실한 일치를 촉진"하기 위해 책을 쓰기도 했습니다.[39] 이처럼 하나님의 자비 가운데 설교자의 은밀한 기도와 성도들의 기도합주회는 성령과 그 능력이 나타나도록 하기 위한 모략이 됩니다.

좋은 설교는 좋은 기도에서 나옵니다. 강력한 기도로 성령의 영향을 받은 설교를 전할 때, 대각성 운동을 일으킨 그 능력이 나타날 것입니다.

9. 상한 심령, 온유한 심령으로 전하라

좋은 설교는 상한 심령, 온유한 심령에서 나옵니다. 사람들이 예수님의 권위와 능력에 눌리지 않고 오히려 매료된 것은 안식처로 기댈 수 있을 만큼 그분의 "마음이 온유하고 겸손"하셨기 때문입니다(마 11:29). "무리를 보시고 불쌍히 여기시니 이는 그들이 목자 없는 양과 같이 고생하며 기진함이라"(마 9:36). 성령 충만한 설교자에게는 하나님의 모든 약속은 더 아름답게, 모든 경고와 책망은 눈물로 부드럽게 전하는 온유한 애정이 있습니다. "도리어 너희 가운데서 유순한 자가 되어 유모가 자기 자녀를 기름과 같이 하였으니 우리가 이같이 너희를 사모하여 하나님의 복음뿐 아니라 우리의 목숨까지도 너희에게 주기를 기뻐함은 너희가 우리의 사랑하는 자 됨이라"(살전 2:7-8).

에드워즈가 설교단에서 보여준 능력의 한 가지 비결은, 지극히 무거운 주제도 "상한 심령"의 온유함으로 전한 데 있었습니다. 그 자신의 말에서 이러한 태도를 엿볼 수 있습니다.

모든 은혜로운 감정은……상한 심령의 감정이다. 진정한 기독교적 사랑은……겸손하고 상한 심령의 사랑이다. 아무리 열렬한 것이라도 성도의 갈망은 겸손한 갈망이며, 성도의 소망은 겸손한 소망이다. 성도의 기쁨은 아무리 말할 수 없이 영광스러운 것이더라도 겸손한 기쁨으로서, 그리스도인의 심령을 더 가난하게 만들고 더 아이같이 만들며 범사에 더 겸손히 행하고 싶게 만든다.[40]

큰소리로 외친다고 설교에 진정한 영적 능력이 있는 것이 아닙니다. 날카롭게 외친다고 완악한 마음이 쉽게 깨지는 것이 아닙니다. 에드워즈는 성경에서 "은혜로운 감정은 사람을 대범하고 적극적이고 시끄럽고 떠들썩하게 만드는 것이 아니라 오히려 떨면서 말하게 만든다"는 것을 깨달았습니다.[41] 하나님의 복된 눈길은 겸손히 떠는 자를 향합니다. "무릇 마음이 가난하고 심령에 통회하며 내 말을 듣고 떠는 자 그 사람은 내가 돌보려니와"(사 66:2).

그래서 에드워즈는 다음과 같이 말합니다.

목회자는 그리스도처럼 어린양의 조용한 심령을 가져야 한다.……해를 입고서도 용서하는 심령, 뜨겁게 사랑하며 자비와 후의를 베푸는 심령, 비참한 자를 불쌍히 여기고 우는 자와 함께 울며 영혼과 육신의 재앙 가운데 있는 자를 도우려는 심령, 궁핍한 자의 요구를 귀 기울여 들어주고 고통당하는 자의 고통을 덜어 주려는 심령, 가난하고 비천한 자의 자리로 함께 내려가는 심령, 약한 자를 부드럽고 온유하게 대하는 심령, 원수에게 영향을 끼치는 큰 사랑의 심령을 가져야 한다.[42]

교인들에게 있었으면 하는 그 심령이 먼저 우리에게 있어야 합니다. 그러나 에드워즈가 말하듯이, 자신이 얼마나 헛되고 무력하고 무서운 죄인인지 모르면 그런 일은 결코 일어나지 않을 것입니다. 에드워즈는 자신의 죄에 대한 부끄러움과 구주로 인한 큰 기쁨 사이를 오가며 살았습니다. 그는 자신의 경험을 이렇게 묘사했습니다.

> 이곳에 살면서 내 죄와 악함의 충격적인 실상을 볼 때가 많았다. 큰 울음이 터질 정도로 그 충격이 심할 때가 잦았고, 때로 그 시간이 오래 지속되어 아무 말도 못하곤 했다.[43]

이런 경험으로 인해 하나님의 말씀을 전하는 그의 설교가 얼마나 간절해졌을지 상상하기는 그리 어렵지 않습니다.

물론 죄에만 집중하면 절망의 벼랑 끝에 서게 됩니다. 이는 에드워즈의 의도가 아니었고, 그가 경험한 바도 아니었습니다. 오히려 그는 죄책감에 대하여 지극히 복음주의적인 해방을 경험하는 방향으로 반응했습니다.

> 그리스도께 나아갈 것을 생각하면 좋다. 그분의 구원을 받아 가난한 심령으로 나를 비우고 겸손히 그리스도만 높이게 되는 것, 내 뿌리는 완전히 잘려 나가고 오직 그리스도로만 자라가며 그리스도께로 자라가는 것, 하나님이 그리스도 안에서 나의 전부가 되시는 것이 좋다.[44]

이처럼 설교자의 삶에서 하나님을 최고로 높여야, 설교에서도 하나님을 최고로 높일 수 있습니다.

에드워즈가 치열하게 설교했다고 해서 거칠거나 시끄럽거나 공격적으로 설교했다는 뜻은 아님이 분명합니다. 그의 능력은 풍부한 수사나 귀를 울리는 천둥 같은 음성에 있지 않았습니다. 그의 능력은 상한 심령에서 나왔습니다.

토머스 프린스Thomas Prince는 그가 "적당히 낮은 소리로 자연스럽게 전하는 설교자로서, 몸동작도 전혀 없었고 관심을 끌 만한 어떤 행동도 하지 않았으며, 늘 그렇듯이 아주 엄숙하게, 마치 하나님이 앞에 계신 것처럼 청중을 바라보며 말했다"라고 했습니다.[45] 에드워즈는 상한 심령, 온유한 심령이 좋은 설교—하나님이 최고의 자리를 차지하시는 설교—를 낳는다는 사실을 입증하는 흔치 않은 본보기입니다.

10. 치열하게 전하라

좋은 설교는 얼마나 중대한 문제가 걸려 있는지 보여주는 설교입니다. 천국과 지옥의 실재를 믿고 거룩한 감정을 가지고 경건을 지키며 살아야 한다고 생각했던 에드워즈가 볼 때, 매 주일은 영원의 문제가 걸린 날이었습니다. 이 점에서 그는 오늘날 평범한 설교자와 달랐습니다. 지옥에 정서적인 거부감을 느끼고 회심을 안일하게 생각하며 거짓된 안정감을 지나치게 제공하는 이 시대에는 성경적으로 치열한 설교를 한다는 것이 거의 불가능합니다.

에드워즈는 자신이 전하는 바의 실재성을 믿었고 교인들이 그 실재성에 놀라기를 바랐습니다. 그래서 조지 윗필드가 자신의 교회에서 그 실재성을 능력 있게 전했을 때, 내내 눈물을 금치 못했습니다. 그가 볼 때 하나님의 큰일을 냉랭하게, 건성으로, 덤덤하고 경박하게 전한다는 것은 불길에 휩싸인 집이 자식들 위로 무너지는데도 태연히 토론하고 있는 어떤 아비를 상상하는 것보다 더 상상할 수 없는 일이었습니다.[46]

설교에 치열함이 없다는 것은 설교자가 자신이 전하는 바의 실재성을 믿지 않거나 그 실재성에 한 번도 심각하게 압도당한 적이 없다는 뜻입니다. 아니면 그 주제 자체가 중요치 않은 것입니다. 에드워즈는 그렇지 않았습니다. 그는 자신이 선포하는 진리의 무게에 늘 경외감을 느꼈습니다.

에드워즈와 동시대에 살았던 어떤 이는 그 설교의 호소력에 대해 "온 영혼을 설교의 모든 내용 및 전달 방식에 쏟아붓는 감정의 강렬함과 논증의 압도적인 무게로 중요한 진리를 청중에게 제시하는 능력이 있어서 청중 전체의 주의를 엄숙하게 집중시키며, 처음부터 끝까지 결코 지울 수 없는 깊은 인상을 남긴다"라고 했습니다.[47]

호라티우스 보나Horatius Bonar는 1845년 존 길리즈John Gillies의 『역사에 나타난 부흥의 이야기』Historical Collections of Accounts of Revival 서문에서,

모든 시대에 하나님이 교회를 각성시키기 위해 즐겨 사용하신 설교가 어떤 설교인지 이야기합니다.

그들은 하나님의 비밀을 맡은 종으로서, 목자장께 양들을 모으고 돌보도록 임명받은 목자로서, 자신들의 책임이 얼마나 막중한지 알고 있었다. 수천 명의 영생이 자신들의 입술에 달려 있는 것처럼 살고 일하고 설교했다. 모든 행동과 말로 열심의 증거를 보였고, 자신들이 다루는 문제가 무한히 중요함을 만나는 모든 이에게 선포했다.……그들의 설교는 두려움을 모르는 가장 남성적인 설교로서 엄청난 힘으로 청중을 엄습했던 것으로 보인다. 그들의 설교는 격렬하거나 맹렬하거나 시끄럽지 않았다. 그러기에는 너무나 엄숙했다. 육중하고 무거웠으며 좌우에 날선 검보다 예리하게 찌르고 쪼갰다.[48]

250년 전 조나단 에드워즈가 바로 그랬습니다. 그는 자신의 교훈과 모범을 통해 "적당히, 무덤덤하게 전하는 태도"를 버리고 "넘치는 애정으로 신앙의 중대한 문제들을 설교"할 것을 촉구합니다.[49] 꾸미거나 과장할 필요 없이 우리가 전하는 메시지 뒤에 있는 숨 막히는 실재성만 보여주면 된다는 것입니다.

물론 그렇게 하려면 조나단 에드워즈가 보았던 하나님을 우리도 보아야 합니다. 하나님에 대한 그의 위대한 통찰을 공유하지 못하면 그의 위대한 설교에도 다가갈 수 없습니다. 하나님이 그 은혜로 우리의 눈을 열어 에드워즈가 보았던 것을 보여주신다면, 에드워즈가 맛보았던 전능자의 감미로운 주권을 맛보여주신다면, 이 시대에도 설교의 부흥이 일어날 수 있습니다. 아니, 반드시 일어납니다.

3부

33년 후

설교와 목회에서 여전히 최고이신 하나님

8장 | 33년 후 조나단 에드워즈에 대하여

선명하게 해주고 확인해 주다

목회 사역을 시작한 지 33년이 지난 지금도 여전히 조나단 에드워즈는 저를 가르쳐 주고 고쳐시켜 줍니다. 목회 사역에 처음 들어섰던 1980년, 예일 대학에서 『조나단 에드워즈 전집』 여섯 권이 나왔습니다. 지금은 총 24권까지 나와 있습니다. 훨씬 더 괄목할 만한 일은 개인용 컴퓨터와 인터넷이 발명된 것입니다! 저는 1985년부터 컴퓨터를 사용했습니다. 지금은 실제로 현존하는 조나단 에드워즈의 모든 글―총 73권―을 예일 대학 조나단 에드워즈 센터를 통해 온라인에서 무료로 찾아볼 수 있습니다http//edwards.yale.ed/archive.

영웅, 친구, 안내자

저는 34세에 목사가 되었습니다. 조나단 에드워즈는 제 인생의 영웅이자 친구이자—죽은 이와 친구가 될 수 있는 수준만큼—성경 저자를 제외하고 제 인생에 가장 큰 영향을 끼친 신학자였습니다. 『하나님이 세상을 창조하신 목적』은 저 자신과 교회와 세상이 존재하는 이유에 대한 사고 전체를 형성해 주었습니다. "하나님은 자신의 영광을 보여주심으로 영광을 받으실 뿐 아니라 그 영광을 기뻐하게 하심으로 영광을 받으신다"라는 그의 통찰은 제 설교관과 목회관 전체를 떠받치는 초석이 되었습니다. 또한 『의지의 자유』는 '하나님이 참으로 만물을 지배하시는가?'라는 엄청난 질문을 오래전에 해결해 주었습니다.

설교자가 이런 문제들—하나님이 세상을 창조하신 목적, 인간의 기쁨이 그 목적에 부합하는 방식, 죄인을 구원하시고 세상을 다스리시는 주권적 은혜—에 대해 선명하고도 숭엄한 관점을 갖는 일의 중요성은 아무리 강조해도 지나치지 않습니다. 이런 문제들을 바라보는 견고한 성경적 관점은 설교와 교인을 힘 있게 만듭니다. 인생이라는 배에서 바닥짐 같은 역할을 해줍니다. 거짓 교리의 바람과 재난의 폭풍 속에서 똑바로 서 있게 해줍니다.

저는 33년간 목사로 살았습니다. 68세가 된 지금 증언하는바, 조나단 에드워즈는 여전히 제 위대한 안내자이자 영감의 원천입니다. 제가 이 점에 주의를 환기시키는 것은 오래, 특히 한곳에서 오래 목회해 온 목사에게는 영적인 선배 조력자가 필요하기 때문입니다. 우리 모두 지치기 쉽습니다. 타성에 젖어 늘 보는 것만 보고 늘 하는 말만 하기 쉽습니다. 우리는 자꾸 새롭게 불붙어야 합니다. 그런데 성령은 어떻게 이 일을 하실까요? 그 한 가지 방법은 하나님을 사랑하는 위대한 인물들이 깨닫고 기록한 영광스러운 사실들을 보전하여 우리에게 전해 주시는 것입니다.

'그리스도의 고통'으로 깨어나다

에드워즈는 제 점화원點火源입니다. 예컨대 3년 전 너무 고갈되어 그리스도를 향한 새로운 불꽃이 영혼에 절실히 필요했던 적이 있습니다. 저는 "그리스도를 위하여 다 해로 여길 뿐더러"라는 바울의 말을 건성으로 입에 올리고 싶지 않았습니다(빌 3:7). 제가 아는 누구보다 그를 더 알고 싶었고 제가 사랑하는 누구보다 그를 더 사랑하고 싶었습니다.

그래서 아이패드를 열어 에드워즈 선집을 찾았고, 임의로 '그리스도의 고통'Christ's Agony이라는 설교를[2] 골라 읽었습니다. 오늘까지도 거실 소파 어느 구석에 앉아 이 메시지를 읽었는지 떠올릴 수 있습니다. 그것은 충격적인 경험이었습니다. 다 읽을 때까지 멈출 수가 없었습니다. 그만큼 가슴속에 파고들었습니다. 포도를 짜내듯 본문을 으깨어 짜낸 포도주가 흘러넘쳤습니다. 아주 많은 질문을 제기했고, 그 질문들에 대답해 주었습니다!

이런 일이 제게 수도 없이 일어났습니다. 목사에게는 목사가 필요합니다. 선견자가 필요합니다. 이상을 본 자가 필요합니다. 예배하는 자가 필요합니다. 시인―꼭 운율을 맞추어 말하는 사람이 아니라 자신이 본 것을 선명하고도 강렬한 설득력으로 말할 수 있는 사람―이 필요합니다. 저는 에드워즈처럼 볼 줄 아는 이의 글을 읽은 적이 없습니다. 그의 말은 저를 경탄하게 하고 예배하게 합니다.

이 책을 처음 쓴 이후 오랜 세월이 흘렀지만, 많은 내용이 그대로입니다. 에드워즈는 여전히 굶주린 설교자의 위대한 모범이요 멘토요 원동력입니다. 처음 그에 대해 썼을 때 저는 설교한 지 불과 몇 년 되지 않은 목사였습니다. 30년간 설교하고 난 지금 제가 그때 썼던 내용에 대해 할 말은 이것입니다. "아멘!" 설령 처음부터 다시 쓴다고 해도 그때와 똑같이 쓰기 시작할 것입니다.

선명하게 해주고 확인해 주다

에드워즈는 계속 제 주요한 영감의 원천이 되어 주었을 뿐 아니라 초기에 덜 선명했던 진리들―좋은 설교에 반드시 필요한 진리들―을 더 선명하게 해주고 초점을 잡아 주었습니다. 2006년에 나온 예일 대학 전집 제25권에서 처음 접했던 에드워즈의 설교 한 편을 통해 예시해 보겠습니다. 그 설교로 선명하게 생각하게 된 진리가 세 가지 있고, 확인받은 진리가 한 가지 있습니다.

1744년 12월, 조나단 에드워즈는 『하나님이 세상을 창조하신 목적』의 전신이 되는 설교를 했고, 11년 후 곧 세상을 떠나기 3년 전에 책을 완성했습니다. 그 설교의 제목은 '하나님이 세우신 원대한 계획의 목적에 다가가며'Approaching the End of God's Grand Design입니다.[3]

이런 설교는 에드워즈에게 거듭 돌아가도록 저를 이끌어 주며, 제 영혼이 사소한 일들에 질식되지 않도록 구출해 줍니다. 이런 시각은 위대하신 하나님에 대한 신학과 위대하신 하나님을 전하는 설교의 모판을 만들어 줍니다.

이 설교의 본문은 요한계시록 21:6입니다. "또 내게 말씀하시되 이루었도다." 에드워즈는 '교리'―논지나 요점을 가리키는 청교도 용어―를 진술합니다. "하나님이 대대로 다양한 역사와 섭리 속에서 이루고자 하시는 원대한 계획이 완성되고 그 목적이 완전히 성취될 때가 오고 있습니다." 다시 말해서, 하나님이 "이루었도다!"라고 말씀하실 때가 오고 있다는 것입니다.

그러고 나서 그는 묻습니다. "하나님이 모든 역사와 섭리 속에서 이루고자 하시는 이 큰 목적이 무엇일까요?" 그가 내놓는 대답은 이것입니다.

자신의 뜻을 따르는 모든 사람에게 복 주시고 반대하는 모든 원수를 멸하시며, 죄로 가득한 비참한 인류 중에서 온전히 영화로운 배필을 아들에게 주시려는 것, 그리하여 하나님이요 인간이신 예수 그리스도를 통해 자신을 전해 주시고 스스로 영광을 받으시려는 이것입니다.[4]

이것은 아주 세심하게 공들여 쓴 문장입니다. 세월이 지날수록 점점 더 선명해지며 제 설교의 중심을 차지해 온 강조점 세 가지가 여기 나와 있습니다.

그리스도의 중심성을 더 선명히 보게 하다

첫 번째 강조점은 하나님이 창조와 역사 속에서 이루려 하시는 최종 목적의 최고 높은 자리와 중심에 그리스도가 계신다는 것입니다. 설교하면 할수록 하나님의 목적에서 그리스도론이 갖는 중요성에 점점 더 주목하게 됩니다. "하나님이 모든 역사와 섭리 속에서 이루고자 하시는 원대한 계획"을 "아들에게 배필을 주시려는 것"과 "하나님이자 인간이신 예수 그리스도를 통해 자신을 전해 주시"려는 것으로 정의 내린다는 사실이 놀랍지 않습니까?

더 뒤에서는 "하나님이 만유 안에서 영광을 받기 위해 쓰시는 중대한 매개자가 바로 하나님이자 인간이신 예수 그리스도"라고 말합니다.[5] 설교자 스스로 매주 하나님과 그리스도의 중심성을 올바로 강조했는지 분별하기란 쉽지 않습니다. 문제의 일부는 '중심'이라는 공간적 은유에 있습니다. 성부 하나님 또는 하나님 자체가 우리의 현실 인식과 성경 본문의 '중심'에 있을 때가 있습니다. 또한 성자 하나님이 우리의 현실 인식과 성경 본문의 '중심'에 있을 때도 있습니다.

에드워즈는 '중심'이라는 은유를 "목적" 또는 "궁극적 목표"라는 말로 바꿈으로써, 그리스도를 하나님이 세우신 "원대한 계획"의 궁극적 목적이 아니라 그 목적에 절대적으로 반드시 필요한 중개인, 항상 계시는 신적 중개인으로 제시할 때―궁극적 목적은 그를 통해 하나님 자신을 전해 주시고 스스로 영광을 받으시려는 데 있음을 제시할 때―그의 중심성을 올바로 강조할 수 있다는 점을 선명히 했습니다.

이것은 분명히 성경적인 시각입니다. 하나님은 예수 그리스도를 지극히 높여 모든 이름 위에 뛰어난 이름을 주심으로써 "모든 입으로 예수 그리스도를 주라 시인하여 하나님 아버지께 영광을 돌리게"(빌 2:11) 하십니다. 예수를 높이시는 일을 통해 이루시려는 궁극적 목적은 아버지의 영광에 있습니다. "그뿐 아니라 이제 우리로 화목하게 하신 우리 주 예수 그리스도로 말미암아 하나님 안에서 또한 즐거워하느니라"(롬 5:11).

> 만일 누가 말하려면 하나님의 말씀을 하는 것같이 하고 누가 봉사하려면 하나님이 공급하시는 힘으로 하는 것같이 하라. 이는 범사에 예수 그리스도로 말미암아 하나님이 영광을 받으시게 하려 함이니 그에게 영광과 권능이 세세에 무궁하도록 있느니라. 아멘.
>
> 베드로전서 4:11

목회가 원숙해지면서 제가 더 선명히 알게 된 사실은 '하나님 스스로 창조의 원대한 계획이 되시기 위해 하나님이요 인간이신 예수 그리스도가 절대적으로 필요하다'는 점을 반드시 강조해야 한다는 것입니다.

최근에 그 어느 때보다 무겁게 다가온 바울의 말이 있습니다. "우리는……그리스도를 전하니"(고전 1:23). "우리가 그를 전파하여"(골 1:28). "우리는 우리를 전파하는 것이 아니라 오직 그리스도 예수의 주 되신 것……을 전파함이라"(고후 4:5). "나에게 이 은혜를 주신 것은 측량할 수 없는 그리스도의 풍성함을 이방인에게 전하게 하시고"(엡 3:8).

이것은 그리스도를 단지 한 가지 일과 관련지어서만 설교하지 말고, 모든 창조와 역사와 구속과 완성의 중대한 목적과 관련지어 설교하라는 명령이라고 생각합니다. 실제로 이 구절들은 전부 하나님이 세우신 계획의 위대한 실행자이신 예수께 '중심'을 두고 있습니다. "만물이[하나도 빠짐없이] 다 그로 말미암고 그를 위하여 창조되었고"(골 1:16). 창조와 모든 역사와 영원한 세계에서 그가 맡으신 역할을 설교로 높이고 또 높여야 합니다. 에드워즈는 성경이 명백히 제시하는 이 사실을 제가 선명히 보도록 도와주었습니다.

자신을 전해 주시는 하나님을 더 선명히 인식하게 하다

에드워즈가 선명히 밝혀 준 두 번째 강조점은, 세상을 창조하신 하나님의 중대한 목적—원대한 계획—이 스스로 영광을 받으시려는 데 있을 뿐 아니라 자신을 전해 주시려는 데 있다는 것입니다. 우리가 하나님으로 만족할 때 영광을 받으신다는 사실은 항상 제 머릿속에 있었지만, 하나님이 자신을 전해 주시는 일과 연관지어 생각하니 더 선명하게 다가왔습니다.

하나님이 세상을 창조하신 목적은 이 두 가지, 즉 자신을 전해 주시려는 것과 스스로 영광을 받으시려는 것에 있습니다. 하나님은 무엇을 얻기 위해서가 아니라 자신을 전해 주기 위해 세상을 창조하셨습니다.[6]

하나님이 세상을 창조하신 목적을 이야기할 때 이 두 가지를 분리하면 안 됩니다.……실제로 하나님이 자신을 전해 주시고 스스로 영광을 받으시는 것을 별개의 두 가지 목적으로 여기면 안 됩니다. 하나님을 영화롭게 하고 즐거워하는 것을 인간의 주된 하나의 목적으로 여기듯, 이 또한 최종적인 하나의 목적으로 여겨야 합니다. 하나님은 자신을 전해 줌으로 스스로 영광을 받으시고 스스로 영광을 받음으로 자신을 전해 주시기 때문입니다.[7]

이 사실을 선명하게 아는 일이 중요한 것은, 그래야 하나님이 영광을 받으시는 일과 자신을 주시는 일을 따로따로 생각지 않기 때문입니다. "하나님이 우리에게 자신을 주신다"라는 말을 문제 삼는 이들은 거의 없습니다. "하나님이 우리의 즐거움을 위해 자신을 주신다"라는 말을 문제 삼는 이들도 거의 없습니다. 그러나 "하나님이 스스로 영광을 받으신다"라는 말을 문제 삼는 이들은 많습니다. 그럼에도, 성경 전체를 볼 때 하나님은 그렇게 하시는 것이 분명합니다.[8]

그러므로 사람들이 온전한 진리를 받아들이도록 돕기 위해 이 두 가지 진리를 하나로 묶는 것이 현명합니다. 에드워즈의 말처럼 특히 이 두 가지는 "최종적인 하나의 목적"이기 때문입니다. 하나님은 세상에서 스스로 영광을 받으시는 모든 행동을 통해, 하나님을 자기 기업과 보화로 받아들이는 모든 사람에게 자신을 계시하시고 주십니다. 그가 스스로 영광을 받으시는 것은 단순한 '과시'가 아니라 자신을 선물로 주시는 행동입니다.

그리스도와 연합하는 일의 중요성을 더 선명히 이해하게 하다

에드워즈가 세 번째로 선명하게 해준 것은 그리스도의 신부인 교회가 그리스도와 연합하는 일의 중요성입니다. 에드워즈는 아주 매력적인 방식으로 하나님이 세상을 창조하신 궁극적인 목적과 교회를 연결시킵니다.

하나님이 세상에서 아들을 영화롭게 하시는 주요한 수단은……온전히 순결하고 아름답고 영화로운 배필을 주어 온전히 연합하게 하시는 것입니다.

[하나님의 목적은 그리스도의 선善을 나타내시는 것이었기에 그가 택하신 신부는] 선을 베풀기에 적합한 자가 아니라 받기에 적합한 자……확연히 비어 있고 가난한 자……타락하여 비참하고 무력한 자였습니다. 텅 비어 있어 선의 필요성이 더 확연히 드러나는 자였습니다.[9]

하나님의 계획은 그리스도가 선善을 전해 주시는 것이었기에, 그리스도의 공급이 필요한 자가 택함을 받았습니다. 그리스도가 자기 뜻에 따라 고난을 당하신 것은 고난이야말로 가장 큰 선의 표현이자 자비의 표시이기 때문입니다.

하나님의 큰 계획은 이처럼 그리스도께 배필을 구해 주시는 것, 배필을 그에게로 이끌어 나아가게 하신 후 온전히 아름답게 하시고 말할 수 없이 온전한 행복을 누리게 하시는 것이었습니다.……바로 이것이 성부 하나님께서 아들을 영화롭게 하시는 방식입니다.[10]

"온전히 순결하고 아름답고 영화로운" 교회와 그리스도의 "온전한 연합"은[11] 모든 창조의 궁극적 목적을 보여주는 놀라운 방식입니다. 자신을 주시는 하나님의 일은 아들이 신부에게 자신을 주어 그 거룩함에 참여시키시고 모든 인간의 이해를 뛰어넘는 교제와 연합(엡 3:18, "지식에 넘치는 그리스도의 사랑")을 누리게 하시는 데서 최고 절정에 도달합니다.

시간이 지날수록 '우리와 그리스도의 연합이야말로 역사 속에서 영광을 받으시고 자신을 전해 주시려는 하나님의 목적에 절대적으로 필요한 일'이라는 생각이 제 머릿속에 선명하게 각인되었습니다. 이 생각이 신약성경 전체에 스며들어 있듯이,[12] 모든 설교의 배경 또는 기초에도 항상 자리잡고 있어야 합니다. 에드워즈는 이를 알도록 도와주었고, 저는 거기에 감사함을 느낍니다.

기독교 쾌락주의를 감미롭게 확인해 주다

마지막으로, '하나님이 세우신 원대한 계획의 목적에 다가가며'라는 설교는 제가 45년간 강조해 온 사실, 즉 하나님은 우리가 그 안에서 만족할 때 가장 영광을 받으신다는 사실을 감미롭게 확인해 주었습니다. 앞서 인용한 문장을 급히 읽고 넘겼을지도 모르니, 다시 한번 인용해 보겠습니다.

> 실제로 하나님이 자신을 전해 주시고 스스로 영광 받으시는 것을 별개의 두 가지 목적으로 여기면 안 됩니다. 하나님을 영화롭게 하고 즐거워하는 것을 인간의 주된 하나의 목적으로 여기듯, 이 또한 최종적인 하나의 목적으로 여겨야 합니다.[13]

"하나님을 영화롭게 하고 즐거워하는 것"은 "인간의 주된 하나의 목적"입니다. 웨스트민스터의 신학자들이 "인간의 주된 목적end은 하나님을 영화롭게 하고 그를 영원토록 즐거워하는 것"이라고 하면서 사용한 단어는 복수가 아닌 단수였습니다. 저는 우리가 하나님을 즐거워하는 것을 통해 그가 영광을 받으신다는 이 사실을 옹호하고 설명하고 적용하는 데 인생의 대부분을 바쳤습니다. 앞으로도 이 입장을 바꾸지 않을 것입니다.

이것이야말로 설교에 결정적으로 중요한 진리이며 이 진리를 전하는 데 적합한 형식은 오직 설교뿐이라고 진심으로 믿습니다(개정판 서문 참조). 그렇기에 에드워즈의 도움을 받아 45년 전 처음 이 진리를 깨닫고, 세월이 지날수록 더 확인받으며 심화시킬 수 있었던 것이 참으로 기쁩니다.

따라서 저는 다음과 같이 마음껏 감사기도를 드릴 수 있습니다.

이 얼마나 큰 선물인지요! 주 예수님, 조나단 에드워즈의 눈을 열어 주신 것에 감사드립니다. 그의 마음을 넓히사 우리가 대부분 무감동하게 지나치는 주의 위대하심을 인식케 하신 것에 감사드립니다. 그가 그토록 많이 보고 음미했던 것들을 보전하여 우리에게 전해 주신 것에 감사드립니다. 영혼을 확장시켜 주는 이 생명의 원천으로 거듭 돌아가도록 저를 인도해 주신 것에 감사드립니다. 아멘.

9장 | 성경에 매인 설교를 높이며
장 칼뱅과 오락적인 목사

33년간 꾸준히 설교하며 목회 사역을 하고 난 지금, 저는 그 어느 때보다 더 성경을 사랑하고 경외하며 갈망하고 있습니다. 68세가 된 저를 몰아치는 열망은 성경의 가르침을 보다 선명히 보고, 성경이 계시하는 하나님을 보다 깊이 음미하며, 최대한 많은 사람에게 하나님의 뜻 전체를 보다 설득력 있게 전하는 것입니다.

이제까지 표면만 간신히 건드린 느낌입니다. 더 보아야 할 진리가 얼마나 많은지, 하나님에 대해 더 알아야 할 지식이 얼마나 많은지 성경의 증거들을 통해 날마다 깨닫고 있습니다. 이 일에 일생을 바쳐 온 것은 저의 기쁨입니다. 수많은 젊은 설교자들도 그렇길 바랍니다.

저는 성경에 매인 설교자가 되기보다 문화적 감각이 뛰어난 연예인이 되는 데 더 매력을 느끼는 젊은 설교자들이 많다는 염려 때문에 이 장章을 썼습니다. 성경에 매인 설교를 높이기 위해 쓴 것입니다. 교회와 세상에 천 배나 더 필요한 것은 설교단에서(또는 무대를 돌아다니며) 오락을 제공하는 설교가 아니라 성경에 매인 설교입니다.

매이는 것이 안전하고도 만족스럽다

성경은 우리를 실재에 매어 놓습니다. 자기 머릿속에 떠오른다고 해서, 자기 청중이 즐거워한다고 해서 아무거나―하나님을 떠나―생각하고 말할 자유가 우리에게는 없습니다. 개인적인 부르심과 성경을 통해 하나님의 말씀에 묶이고 성경이 하는 말을 전하는 일에 묶였다는 제 말이 여러분을 대표하는 고백이 되길 바랍니다.

성경에서 본 바를 전하는 것보다 더 제게 부담이 되면서도 기운나는 일은 없습니다. 저는 하나님이 성경에서 말씀하시는 바를 보는 것이 좋습니다. 그 말씀을 음미하는 것이 좋습니다. 그 말씀을 전하는 것이 좋습니다. 우리 삶을 허비하지 않도록 모든 설교자에게 명하신 길이 바로 이것이라고 진심으로 믿습니다.

하나님의 말씀은 참됩니다. 성경은 세상에 하나뿐인 온전히 참된 책입니다. 하나님의 영감으로 쓰인 책입니다. 올바로 이해하고 따라가면 하나님과 함께 영원한 기쁨을 누리게 해주는 책입니다. 이보다 더 위대한 책, 더 위대한 진리는 없습니다.

성경에 속박됨으로 광대해진 칼뱅

이 사실이 설교에 의미하는 바는 엄청난 것입니다. 성경의 계시를 보고 음미하는 일에 일생을 바치도록 제게 영감을 준 인물과 영웅이 조나단 에드워즈 하나뿐이었던 것은 아닙니다. 성경의 광대한 지형地形을 설교하는 일에 헌신했던 장 칼뱅도 굉장한 영감을 주었습니다.

칼뱅을 비롯한 종교개혁자들은 중세 교회에서 전통에 종속되어 있던 성경을 구해 냈습니다. 종교개혁은 교회의 권위를 뛰어넘는 성경의 최고 권위, 유일무이한 권위를 회복시킨 일이었습니다. 이로 인해 하나님께 감사드립시다. 칼뱅은 요한복음 17:20을 주석하며 이렇게 썼습니다.

교황주의자들에게 화 있을진저. 그들의 믿음은 이 규례에서 너무 멀리 떨어져 있고, 그들은 부끄러움도 없이 끔찍한 신성모독의 말들을 토해 내며, 그들의 성경에는 이리저리 바꾸어도 상관없는 모호한 내용밖에 없다. 그렇다 보니 무엇을 믿어야 하는지 알려주는 권위 있는 안내자는 오직 교회의 전통뿐이다. 그러나 홀로 심판할 권한을 지니신 하나님의 아들은 사도들의 교리에서 비롯되지 않은 어떤 다른 믿음도 인정하지 않으심을 기억하며, 그 교리의 지식은 오직 그들이 쓴 글에만 있음을 확실히 알자.[1]

칼뱅의 설교는 하나님의 말씀을 전하는 이 위대하고 영광스러운 일을 힘써 계속하도록 고취시켜 줍니다. 사돌레토 추기경에게 보낸 편지에는 그의 기도문이 나오는데, 저는 그 말에서 힘을 느낍니다.

주여, 주는 성령의 광채로 저를 밝혀 주셨습니다. 말씀의 등을 제 발 앞에 놓아 주셨습니다. 전에 주의 영광을 가렸던 구름을 몰아내시고, 주의 기름 부으신 자의 복을 제 눈에 밝히 보여주셨습니다. 저는 주의 입에서 (즉, 주의 말씀에서) 배운 바를 주의 교회에 성실히 전파할 것입니다.[2]

칼뱅에게 설교란 곧 성경에 매이는 일이었습니다. "주의 입에서 배운 바를 주의 교회에 성실히 전파할 것입니다." 그가 성경의 책들을 그토록 거침없이 설교한 이유가 여기 있었습니다.[3] 오, 오늘날 젊은 설교자들이 청중을 사로잡는 오락적인 말의 장악력에 끌리는 만큼 칼뱅의 본보기에도 끌렸으면 좋겠습니다.

성경에 매인 설교를 높이기 위해, 제가 무슨 뜻에서 '설교단의 오락'이라는 표현을 쓰는지 설명하고 하나님 말씀에 매인 설교와 자유롭게 오락에 기대는 설교가 어떻게 다른지 설명해 보겠습니다.

오락지향적인 설교자란?

오락지향적인 설교자와 성경지향적인 설교자의 차이는 설교자가 하는 말과 그 말의 권위를 보장하는 성경 사이에 분명한 연관성이 있느냐 여부에 있습니다.

오락지향적인 설교자는 권위 있는 책에 매여 말한다는 인상을 주지 않습니다. 외부 권위의 제한을 받거나 그에 따르는 것처럼 보이지 않습니다. 성경의 의미와 의의를 분명히 밝히는 것이 아닌 다른 것에서 자기 말의 의의를 찾는 듯합니다. 객관적인 권위에 매이지 않는 것 같습니다.

오락지향적인 설교자는 성경에서 끌어내지 않은 말을 쉽게 많이 하는 듯 보입니다. 메시지를 전할 때 성경의 가르침을 넘어 다른 말 하길 즐기는 것 같습니다. 그가 하는 말들은 흥미나 재미라는 독자적 가치를 가진 듯합니다. 오락적입니다. 그러나 하나님의 대변자로 하나님의 백성 앞에서 하나님의 메시지를 전한다는 인상은 주지 못합니다.

성경지향적인 설교자란?

반면에, 성경지향적인 설교자는 이렇게 생각합니다. "나는 하나님의 메시지를 전하기 위해 하나님의 백성에게 보냄받은 하나님의 대변자다." 그는 자신이 맡은 일의 무게와 기쁨을 느낍니다. 자신이 성경의 권위 아래 있는 무익한 종임을 알고 떠는 마음으로만 감히 이 직책을 감당할 수 있음을 압니다. 성경에 기록된 하나님 자신의 계시에 뿌리를 내리고 깊이 잠겨야만 하나님의 백성에게 하나님의 메시지를 전할 수 있음을 압니다.

성경지향적인 설교자는 자기 말이 하나님의 말씀과 일치한다는 사실, 자기 말의 변함없는 가치는 오직 거기에 있다는 사실을 회중에게 알리고자 합니다. 분명히 알리고자 합니다. 그 마음이 겸손과 권위의 뿌리를 이룹니다. 그래서 자기 생각이 성경에서 나온 것임을 계속 밝히고자 애씁니다. 성경이 입증해 주지 않는 요점으로 지나치게 나아가지 않기 위해 멈칫거립니다. 실례를 들거나 예화를 말하다가도 곧장 성경으로 되돌아갑니다. 물론 예화와 일화가 재미있다는 것은 그도 압니다. 사람들이 그런 말을 좋아한다는 것 또한 압니다. 그러나 그보다 훨씬 더 잘 아는 사실은 자신의 지속적인 권위와 영향력이 성경 밖의 실례가 아닌 성경의 명백한 진리에 있다는 것입니다.

그는 자기 메시지가 성경의 말에 기초한 것이요 성경의 말을 표현한 것임을 청중이 잊지 않도록 멈칫거리면서 예화와 실례를 제한하고 조절합니다. 이처럼 성경에 복종해야 한다는 인식, 오직 성경만 교인들에게 참되고 지속적인 의의를 갖는 말이라는 인식은 오락지향적인 설교자에게 나타나지 않는 특징, 성경지향적인 설교자에게만 나타나는 특징입니다.

성경지향적인 설교자의 설교를 들은 이들은 성경이 최고로 권위 있고 중요하며 놀라운 복음임을 인식합니다. 재미를 느끼기보다 하나님의 위대하심과 말씀의 막중한 힘에 압도됩니다.

사람들이 설교자에게 진정 원하는 것

그러므로 간청하건대, 오락적인 설교로 사람들을 즐겁게 해주는 방식을 믿지 마십시오. 하나님 말씀의 능력으로, 말씀을 설명함으로, 가벼운 적용이 아닌 피 토하듯 간절한 적용을 통해 폐부를 찌름으로 돕는 방식을 믿으십시오.

이 책의 주된 요점 한 가지는 사람들이 하나님의 위엄을 갈망한다는 것입니다. 그런데 대부분은 자기 마음의 갈망이 거기 있음을 알지 못합니다. 그런 자들에게 설교자가 하나님과 그리스도와 구원과 생명과 죽음과 천국과 지옥과 하나님이 세상에서 일하시는 방식을 보여주는 것은 중대한 일입니다. 그들이 설탕에 중독되듯 오락에 중독된 자기 실상을 깨닫도록 도와야 합니다. 그런 쾌락은 점점 줄어들면서 사람을 바닥으로 점점 더 추락시키게 되어 있습니다. 그러나 성경에 잠긴 진리와 경이감을 꾸준히 접하게 하면 그 영혼이 넓어지고 마음이 강해지며 예수를 말할 수 없이 귀히 여기게 됩니다.

이런 일은 설교자 스스로 자신의 모든 말이 성경에 매인 것임을 확신할 때, 또한 교인들이 그 매임과 기초 위에서 살아가야 함을 깨닫도록 도와줄 때 일어납니다. 그러니 저와 함께 다음과 같이 기도합시다.

주여, 우리를 주의 강력한 말씀에 매어 주옵소서. 주의 말씀과 달리 우리 말에는 아무 힘도 없고 의미도 없음을 저와 모든 설교자들이 교인들에게 알리게 하옵소서. 하나님의 메시지를, 하나님의 이름으로, 하나님의 백성에게, 성령을 힘입어 전하는 사자로서 교인들 앞에 서게 하옵소서. 이 책임을 떨며 감당하게 하옵소서. 주의 백성 앞에 서는 거룩한 순간을 가벼이 여기지 않도록 지켜 주옵소서. 아멘.

10장 | 상황화를 넘어 개념을 창조하는 설교

33년의 목회 생활 중 마지막 10년에 걸쳐 개념을 창조하는 설교에 대한 생각이 구체화되었습니다. 문화적으로 아주 다른 집단뿐 아니라 제게 익숙한 하위문화 속에서 상황화를 해야 했던―예컨대 20대에 초점을 맞추어 교회를 개척할 때처럼―선교적 고민을 통해 이 생각은 더욱 발전했습니다. 대부분의 관심을 상황화의 도전에만 쏟을 뿐, 우리가 아직 복음으로 이끌지 못한 사람들 속에 개념과 범주를 창조해 내야 한다는 반대 방향의 도전에는 거의 관심이 없는 듯한 현실을 깨달았습니다.

성령 없이는 안 된다

성경 메시지를 상황화하는 일에 대해 진지하게 생각해야 하는 만큼,

듣는 이들의 정신구조 속에 아예 없는 개념의 범주들을 마련해 주는 일에도 힘써야 한다는 점이 이전 어느 때보다 선명히 제게 다가왔습니다. 청중이 가진 기존의 사고구조만 활용하면, 아무리 상황화를 잘 해도 결정적으로 중요한 성경의 진리들을 이해시키지 못할 수 있습니다.

개념 창조는 상황화보다 어렵지만 똑같이 중요한 일입니다. 세상을 바라보는 새로운 정신구조를 기도와 설교를 통해 창조해내야 합니다. 궁극적으로 이것은 우리가 하는 일이 아닙니다. 하나님이 하시는 일입니다. 죄인의 본성에는 성경 메시지를 어리석게 보게 하는 범주들이 깊이 뿌리박혀 있습니다. "육에 속한 사람은 하나님의 성령의 일들을 받지 아니하나니 이는 그것들이 그에게는 어리석게 보임이요 또 그는 그것들을 알 수도 없나니 그러한 일은 영적으로 분별되기 때문이라"(고전 2:14).

사고와 설교라는 방편 없이는 안 된다

성령이 인간의 저항을 꺾으시는 한 가지 방법은 그를 낮추어 익숙한 사고패턴을 버리게 하시는 것입니다. 그런데 성령은 설교와 가르침을 통해 이렇게 하십니다. "하나님의 지혜에 있어서는 이 세상이 자기 지혜로[즉, 익숙한 사고방식으로] 하나님을 알지 못하므로 하나님께서 전도의 미련한 것으로 믿는 자들을 구원하시기를 기뻐하셨도다"(고전 1:21).

하나님은 새로운 시각과 이해와 믿음을 주십니다. 그런데 우리를 사용해서 주십니다. 그렇기에 사람들이 가진 기존 범주에 맞추어 복음을 상황화하는 일에 노력을 기울이는 만큼, 새로운 성경적 사고의 범주가 생기도록 돕는 일에도 노력을 기울여야 하는 것입니다.

범주 창조의 예

지극히 타락한 정신 속에 개념의 범주 자체가 거의 없거나 아예 없기에 생각조차 못하는 성경의 진리 몇 가지를 예로 들어 보겠습니다. 언제나 그랬듯 오늘날에도 필요한 증인은, 과도한 열심으로 상황화하다가 진리를 왜곡하는 자들이 아니라 성령이 새 범주를 창조해 주실 여지가 생기도록 정신을 일깨우는 자들입니다.

아래 목록의 진술들에 논란의 여지가 아주 많다는 것은 저도 압니다. 새로운 사고의 범주가 생겨야만 이해할 수 있다고 말하는 주된 이유가 여기 있습니다. 지금 제 목적은 이 진술들을 납득시키려는 것이 아닙니다. 단지 설교할 때─상황화만 하는 것이 아니라 개념을 창조하려 할 때─어떤 도전에 직면하게 되는지 예시하려는 것입니다.

1. 모든 사람은 자기 선택에 책임을 져야 한다. 그런데 모든 선택은 하나님이 정하신 대로 어김없이 확실하게 이루어진다.

모든 일을 그의 뜻의 결정대로 하시는 이. 에베소서 1:11

사람이 무슨 무익한 말을 하든지 심판 날에 이에 대하여 심문을 받으리니. 마태복음 12:36

2. 하나님이 죄를 짓게 하셔서 죄를 짓는 것이 아니다.

당신들은 나를 해하려 하였으나 하나님은 그것을[요셉의 형들이 저지른 악행을] 선으로 바꾸사. 창세기 50:20

3. 하나님이 정하여 일어나게 하시는 일과 우리에게 명령하시는 일이 항상 일치하는 것은 아니며, 실제로 상반될 수도 있다.

예컨대 "살인하지 말라"라고 명령하시면서 자신의 아들은 죽임을 당하게 하신다. 여호와께서 그에게 상함을 받게 하시기를 원하사. 이사야 53:10, 사도행전 4:27-28 참조

4. 하나님의 궁극적 목표는 자신의 영광을 나타내고 높이는 것으로서, 스스로 높아지시려는 이 목적이 우리를 향한 사랑의 핵심에 있다.

아버지여, 창세전에 내가 아버지와 함께 가졌던 영화로써 지금도 아버지와 함께 나를 영화롭게 하옵소서. 요한복음 17:5

아버지여, 내게 주신 자도 나 있는 곳에 나와 함께 있어 아버지께서 창세전부터 나를 사랑하시므로 내게 주신 나의 영광을 그들로 보게 하시기를 원하옵나이다. 요한복음 17:24

5. 죄는 일차적으로 사람을 해치는 것이 아니라, 하나님의 우월한 가
   치를 믿지 않거나 그에 무관심함으로써 그를 업신여기는 것이다.

   내 백성이 두 가지 악을 행하였나니 곧 그들이 생수의 근원되는
   나를 버린 것과 스스로 웅덩이를 판 것인데 그것은 그 물을 가두
   지 못할 터진 웅덩이들이니라. 예레미야 2:13

   내가 주께만 범죄하여 주의 목전에 악을 행하였사오니. 시편 51:4

6. 하나님이 가나안 거민의 진멸을 명하신 것은 온전히 정의로우시
   기 때문이다.

   세상을 심판하시는 이가 정의를 행하실 것이 아니니이까.
   창세기 18:25

   오직 네 하나님 여호와께서 네게 기업으로 주시는 이 민족들의 성
   읍에서는 호흡 있는 자를 하나도 살리지 말지니. 신명기 20:16

7. 그리스도인의 삶의 열쇠는 '다른 분'이 행하시는 대로 행하는 비결
   을 배우는 데 있다.

   만일 우리가 성령으로 살면 또한 성령으로 행할지니.
   갈라디아서 5:25

   영으로써 몸의 행실을 죽이면 살리니. 로마서 8:13

8. 그리스도의 사람들은 이미 육체를 십자가에 못 박은 자들임에도

날마다 육체를 죽여야 한다.

그리스도 예수의 사람들은 육체와 함께 그 정욕과 탐심을 십자가에 못 박았느니라. 갈라디아서 5:24

그러므로 땅에 있는 지체를 죽이라. 골로새서 3:5

9. 처녀가 잉태하여 아들을 낳을 것이요. 마태복음 1:23

10. 예수께서 이르시되 진실로 진실로 너희에게 이르노니 아브라함이 나기 전부터 내가 있느니라. 요한복음 8:58

둘 중 하나가 아닌 둘 다

요점은 이것입니다. 우리는 단순히 성경의 범주를 사람들의 범주에 맞추어 상황화하는 것보다 훨씬 더 어려운 일을 해야 합니다. 이 일은 상당히 어렵습니다. 아무리 상황화에 능해도 사람들의 범주에 맞출 수 없는 성경의 범주와 개념이 있는 것이 사실입니다. 이런 범주와 개념은 새로 창조해 내야 합니다. 이 일을 최종적으로 하시는 분은 성령이시지만, 그는 인간적인 방편을 사용하십니다. 그렇기에 우리는 상황화뿐 아니라 이 일을 위해서도 최선을 다해야 하는 것입니다.

자비의 아버지, 설교라는 이 위대하고 불가능한 일을 위해 전적으로 주께 의지해야 함을 압니다. 우리를 가장 필요로 하는 자들은 우리 말을 가장 이해하지 못하는 자들임을 압니다. 그들은 허물과 죄로 죽어 있습니다. 그들에게 십자가는 거리끼는 것이요 미련한 것입니다. 그러나 그들을 구원하시고, 그들의 마음을 변화시키시며, 그들에게 "그리스도의 마음"을 주시는 일에 우리를 사용해 주시길 갈망합니다. 이 위대한 과업을 위해 정하신 방편이 바로 설교임을 믿습니다. 이 불가능한 일을 받아들이며, 우리를 통해 우리가 구하거나 생각하는 것에 넘치도록 일하시길 예수의 이름으로 구합니다. 아멘.

11장 | 목사가 되는 일이 위대한 30가지 이유

33년간의 목회 사역을 마치고 젊은 교회 개척자들을 만날 준비를 하면서, 목사가 되는 일이 위대한 30가지 이유를 정리해 보았습니다. 물론 그 이유는 30가지가 넘지만, 기본적이고 결정적인 이유는 이것입니다.

그토록 오랜 세월 이 특권을 누려 온 것을 생각하면 그저 놀랍고 감사할 따름입니다. 하나님은 저를 참으로 선히 대해 주셨습니다. 해마다 더 겸손해지고 더 충만해지고 더 많은 열매를 맺었기만을 바랄 뿐입니다. 교인들은 늘 너그러웠고 사랑으로 허다한 죄를 덮어 주었습니다. 목회와 관련된 이 장이 가장 깁니다. 저는 미네소타 미니애폴리스 베들레헴 침례교회에서 인생의 절반을 보낸 후 목사직에서 은퇴했습니다.

이 장을 한낱 인간—죄 많고 실수 많고 유한한 한낱 인간—에게 이런 소명을 맡기시는 하나님을 찬양하는 노래로 여겨도 좋겠습니다. 제가 드릴 마지막 기도는 이 놀라운 특권을 기리는 노래가 많은 이들을 고쳐시켜 이 위대한 일에 헌신케 해달라는 것입니다.

1. 하나님은 온 우주에서 가장 위대한 실재시다. 목사는 계속 차오르는 기쁨으로 그 바다에서 헤엄치는 자다.

   나는 여호와라. 나 외에 다른 이가 없나니 나밖에 신이 없느니라.
   이사야 45:5

   깊도다, 하나님의 지혜와 지식의 풍성함이여. 그의 판단은 헤아리지 못할 것이며 그의 길은 찾지 못할 것이로다. 누가 주의 마음을 알았느냐. 누가 그의 모사가 되었느냐. 누가 주께 먼저 드려서 갚으심을 받겠느냐. 이는 만물이 주에게서 나오고 주로 말미암고 주에게로 돌아감이라. 그에게 영광이 세세에 있을지어다. 아멘.
   로마서 11:33-36

2. 이전에나 이후에나 예수는 가장 위대한 구주시요 주인이시요 친구시다. 목사는 날마다 그를 상고하며 권하는 자다.

   사람이 친구를 위하여 자기 목숨을 버리면 이보다 더 큰 사랑이 없나니. 요한복음 15:13

   하늘에 있는 자들과 땅에 있는 자들과 땅 아래에 있는 자들로 모든 무릎을 예수의 이름에 꿇게 하시고 모든 입으로 예수 그리스도를 주라 시인하여 하나님 아버지께 영광을 돌리게 하셨느니라.

빌립보서 2:10-11

이제부터는 너희를 종이라 하지 아니하리니 종은 주인이 하는 것을 알지 못함이라. 너희를 친구라 하였노니 내가 내 아버지께 들은 것을 다 너희에게 알게 하였음이라. 요한복음 15:15

내가 전한 복음대로 다윗의 씨로 죽은 자 가운데서 다시 살아나신 예수 그리스도를 기억하라. 디모데후서 2:8

3. 성령은 세상에서 가장 위대한 보혜사시다. 목사는 성령으로 계속 충만해야 하는 자다.

내가 아버지께 구하겠으니 그가 또 다른 보혜사를 너희에게 주사 영원토록 너희와 함께 있게 하리니……그러나 내가 너희에게 실상을 말하노니 내가 떠나가는 것이 너희에게 유익이라. 내가 떠나가지 아니하면 보혜사가 너희에게로 오시지 아니할 것이요 가면 내가 그를 너희에게로 보내리니. 요한복음 14:16; 16:7

너희에게 성령을 주시고 너희 가운데서 능력을 행하시는 이의 일이 율법의 행위에서냐 혹은 듣고 믿음에서냐. 갈라디아서 3:5

술 취하지 말라. 이는 방탕한 것이니 오직 성령으로 충만함을 받으라. 에베소서 5:18

4. 성경은 모든 책 중에 가장 위대한 책이다. 목사는 그 책을 주야로

즐거이 묵상하는 자다.

여호와의 말씀은 순결함이여. 흙 도가니에 일곱 번 단련한 은 같
도다. 시편 12:6

복 있는 사람은 악인들의 꾀를 따르지 아니하며 죄인들의 길에 서
지 아니하며 오만한 자들의 자리에 앉지 아니하고 오직 여호와의
율법을 즐거워하여 그의 율법을 주야로 묵상하는도다. 시편 1:1-2
여호와를 경외하는 도는 정결하여 영원까지 이르고 여호와의 법
도 진실하여 다 의로우니 금 곧 많은 순금보다 더 사모할 것이며
꿀과 송이꿀보다 더 달도다. 또 주의 종이 이것으로 경고를 받고
이것을 지킴으로 상이 크니이다. 시편 19:9-11

5. 복음은 모든 소식 중에 가장 위대한 소식이다. 목사는 그 소식을
   반가이 믿고 매일 전하는 자다.

   만일 우리의 복음이 가리었으면 망하는 자들에게 가리어진 것이
   라. 그중에 이 세상의 신이 믿지 아니하는 자들의 마음을 혼미하
   게 하여 그리스도의 영광의 복음의 광채가 비치지 못하게 함이니
   그리스도는 하나님의 형상이니라. 고린도후서 4:3-4
   모든 성도 중에 지극히 작은 자보다 더 작은 나에게 이 은혜를 주
   신 것은 측량할 수 없는 그리스도의 풍성함을 이방인에게 전하게
   하시고. 에베소서 3:8
   헬라인이나 야만인이나 지혜 있는 자나 어리석은 자에게 다 내가

빚진 자라. 그러므로 나는 할 수 있는 대로 로마에 있는 너희에게
도 복음 전하기를 원하노라. 로마서 1:14-15

6. 공동의 예배는 그리스도를 귀히 모시고 함께 사는 삶이 흘러넘치
   는 위대한 일이다. 목사는 매주 그 경이를 느끼고 그 불길을 살리
   는 거룩한 특권으로 날아오르는 자다.
   그리스도의 말씀이 너희 속에 풍성히 거하여 모든 지혜로 피차 가
   르치며 권면하고 시와 찬송과 신령한 노래를 부르며 감사하는 마
   음으로 하나님을 찬양하고. 골로새서 3:16
   내가 대회 중에서 주께 감사하며 많은 백성 중에서 주를 찬송하리
   이다. 시편 35:18

7. 믿음은 그리스도와 연합되며 그 안에서 하나님이 주시는 모든 것
   을 받는 가장 위대한 경험이다. 목사의 모든 말은 이를 위한 것이
   다. 믿음은 들음에서 나며 들음은 그리스도의 말씀으로 말미암기
   때문이다.
   내가 그리스도와 함께 십자가에 못 박혔나니 그런즉 이제는 내가
   사는 것이 아니요 오직 내 안에 그리스도께서 사시는 것이라. 이제
   내가 육체 가운데 사는 것은 나를 사랑하사 나를 위하여 자기 자신
   을 버리신 하나님의 아들을 믿는 믿음 안에서 사는 것이라.
   갈라디아서 2:20

내가 살 것과 너희 믿음의 진보와 기쁨을 위하여 너희 무리와 함께 거할 이것을 확실히 아노니. 빌립보서 1:25

8. 장래의 은혜를 바라는 소망은 복음에 순종케 하는 위대한 용광로다. 목사는 하나님의 말씀으로 날마다 그 용광로에 불을 지피는 자다.

믿음이 없어 하나님의 약속을 의심하지 않고 믿음으로 견고하여 져서 하나님께 영광을 돌리며. 로마서 4:20

너희가 갇힌 자를 동정하고 너희 소유를 빼앗기는 것도 기쁘게 당한 것은 더 낫고 영구한 소유가 있는 줄 앎이라. 히브리서 10:34

돈을 사랑하지 말고 있는 바를 족한 줄로 알라. 그가 친히 말씀하시기를 내가 결코 너희를 버리지 아니하고 너희를 떠나지 아니하리라 하셨느니라. 그러므로 우리가 담대히 말하되 주는 나를 돕는 이시니 내가 무서워하지 아니하겠노라. 사람이 내게 어찌하리요 하노라. 히브리서 13:5-6

9. 기쁨은 하나님 안에 있는 원천을 크게 보여줌으로 고락간에 즐거워하게 만드는 위대한 충동이다. 목사는 기쁨을 파괴하는 모든 악습을 버리고 양 떼의 거룩한 기쁨을 위해 사는 자다.

주 안에서 항상 기뻐하라. 내가 다시 말하노니 기뻐하라. 빌립보서 4:4

또한 모든 것을 해로 여김은 내 주 그리스도 예수를 아는 지식이

가장 고상하기 때문이라. 빌립보서 3:8

우리가 너희 믿음을 주관하려는 것이 아니요 오직 너희 기쁨을 돕는 자가 되려 함이니. 고린도후서 1:24

근심하는 자 같으나 항상 기뻐하고. 고린도후서 6:10

10. 사랑은 가장 위대한 행동이다. 목사는 무슨 행동을 하든 사랑을 큰 목적으로 삼는 자다.

그런즉 믿음, 소망, 사랑, 이 세 가지는 항상 있을 것인데 그중의 제일은 사랑이라. 고린도전서 13:13

이 교훈의 목적은……사랑이거늘. 디모데전서 1:5

피차 사랑의 빚 외에는 아무에게든지 아무 빚도 지지 말라. 남을 사랑하는 자는 율법을 다 이루었느니라. 로마서 13:8

너희 모든 일을 사랑으로 행하라. 고린도전서 16:14

11. 거룩함은 거룩하신 삼위 하나님을 닮는 위대한 일이다. 목사는 자신의 거룩함과 다른 이들의 거룩함을 위해 날마다 자기 죄를 죽이는 자다.

오직 너희를 부르신 거룩한 이처럼 너희도 모든 행실에 거룩한 자가 되라. 기록되었으되 내가 거룩하니 너희도 거룩할지어다 하셨느니라. 베드로전서 1:15-16

너희가 육신대로 살면 반드시 죽을 것이로되 영으로써 몸의 행실

을 죽이면 살리니. 로마서 8:13

그런즉 사랑하는 자들아, 이 약속을 가진 우리는 하나님을 두려워
하는 가운데서 거룩함을 온전히 이루어 육과 영의 온갖 더러운 것
에서 자신을 깨끗하게 하자. 고린도후서 7:1

12. 고난은 위대한 신학교다. 목사는 교인들을 위해 반드시 이 학교에
다녀야 한다.

고난당하기 전에는 내가 그릇 행하였더니 이제는 주의 말씀을 지
키나이다.……고난당한 것이 내게 유익이라. 이로 말미암아 내가
주의 율례들을 배우게 되었나이다. 시편 119:67, 71

우리가 환난 당하는 것도 너희가 위로와 구원을 받게 하려는 것이
요 우리가 위로를 받는 것도 너희가 위로를 받게 하려는 것이니
이 위로가 너희 속에 역사하여 우리가 받는 것 같은 고난을 너희
도 견디게 하느니라. 고린도후서 1:6

13. 위대한 진리를 설명하는 것은 위대한 이해로 나아가는 길이다. 목
사에게는 그렇다! 목사는 가장 위대한 사실들을 거침없이 설명할
책임을 맡은 자다.

주는 것이 받는 것보다 복이 있다. 사도행전 20:35

예수께서 이르시되 갈 것 없다. 너희가 먹을 것을 주라. 제자들이
이르되 여기 우리에게 있는 것은 떡 다섯 개와 물고기 두 마리뿐

이니이다.……다 배불리 먹고 남은 조각을 열두 바구니에 차게 거두었으며. 마태복음 14:16-17, 20

그가 어떤 사람은 사도로, 어떤 사람은 선지자로, 어떤 사람은 복음 전하는 자로, 어떤 사람은 목사와 교사로 삼으셨으니 이는 성도를 온전하게 하여 봉사의 일을 하게 하며 그리스도의 몸을 세우려 하심이라. 에베소서 4:11-12

14. 가장 중대한 진실을 알리는 것은 위대한 특권이다. 목사는 살아 계신 하나님의 전령이다.

하나님 앞과 살아 있는 자와 죽은 자를 심판하실 그리스도 예수 앞에서 그가 나타나실 것과 그의 나라를 두고 엄히 명하노니 너는 말씀을 전파하라[알리라]. 때를 얻든지 못 얻든지 항상 힘쓰라. 범사에 오래 참음과 가르침으로 경책하며 경계하며 권하라.
디모데후서 4:1-2

그러므로 우리가 그리스도를 대신하여 사신이 되어 하나님이 우리를 통하여 너희를 권면하시는 것같이 그리스도를 대신하여 간청하노니 너희는 하나님과 화목하라. 고린도후서 5:20

15. 인간에게 성취 불가능한 목표는 위대한 보혜사를 찾게 만든다. 목사의 모든 영적 목표는 성취 불가능한 것들이다.

듣는 자들이 이르되 그런즉 누가 구원을 얻을 수 있나이까. 이르시되 무릇 사람이 할 수 없는 것을 하나님은 하실 수 있느니라.

누가복음 18:26-27

주의 종은 마땅히 다투지 아니하고 모든 사람에 대하여 온유하며 가르치기를 잘하며 참으며 거역하는 자를 온유함으로 훈계할지니 혹 하나님이 그들에게 회개함을 주사 진리를 알게 하실까 하며 그들로 깨어 마귀의 올무에서 벗어나 하나님께 사로잡힌 바 되어 그 뜻을 따르게 하실까 함이라. 디모데후서 2:24-26

16. 천국은 위대한 운명이다. 무슨 일을 하든 목사의 목표는 사람들이 그곳에 이르도록 돕는 것이다.

기뻐하고 즐거워하라. 하늘에서 너희의 상이 큼이라. 마태복음 5:12

그러나 우리의 시민권은 하늘에 있는지라. 거기로부터 구원하는 자 곧 주 예수 그리스도를 기다리노니 그는 만물을 자기에게 복종하게 하실 수 있는 자의 역사로 우리의 낮은 몸을 자기 영광의 몸의 형체와 같이 변하게 하시리라. 빌립보서 3:20-21

그러므로 내가 택함 받은 자들을 위하여 모든 것을 참음은 그들도 그리스도 예수 안에 있는 구원을 영원한 영광과 함께 받게 하려 함이라. 디모데후서 2:10

17. 지옥은 중대한 위험이다. 무슨 일을 하든 목사의 목표는 사람들이 그곳을 피하도록 돕는 것이다.

몸은 죽여도 영혼은 능히 죽이지 못하는 자들을 두려워하지 말고
오직 몸과 영혼을 능히 지옥에 멸하실 수 있는 이를 두려워하라.
마태복음 10:28

내가 여러 사람에게 여러 모습이 된 것은 아무쪼록 몇 사람이라도
구원하고자 함이니. 고린도전서 9:22

또 죽은 자들 가운데서 다시 살리신 그의 아들이 하늘로부터 강림
하실 것을 너희가 어떻게 기다리는지를 말하니 이는 장래의 노하
심에서 우리를 건지시는 예수시니라. 데살로니가전서 1:10

18. 기도는 하나님의 위대한 임재와 능력으로 나아가는 길이다. 목사
는 자기 영혼과 양떼를 위해 쉬지 않고 기도하는 자다.

성령의 검 곧 하나님의 말씀을 가지라. 모든 기도와 간구를 하되
항상 성령 안에서 기도하고 이를 위하여 깨어 구하기를 항상 힘쓰
며 여러 성도를 위하여 구하라. 에베소서 6:17-18

환난 날에 나를 부르라. 내가 너를 건지리니 네가 나를 영화롭게
하리로다. 시편 50:15

내 마음에 원하는 바와 하나님께 구하는 바는······그들로 구원을
받게 함이라. 로마서 10:1

19. 새 출생은 위대한 기적이다. 목사는 항상 놀라움을 느끼며 일하는
하나님의 산파다.

바람이 임의로 불매 네가 그 소리는 들어도 어디서 와서 어디로 가는지 알지 못하나니 성령으로 난 사람도 다 그러하니라.

요한복음 3:8

나는 심었고 아볼로는 물을 주었으되 오직 하나님께서 자라나게 하셨나니 그런즉 심는 이나 물 주는 이는 아무 것도 아니로되 오직 자라게 하시는 이는 하나님뿐이니라. 고린도전서 3:6-7

너희가 거듭난 것은 썩어질 씨로 된 것이 아니요 썩지 아니할 씨로 된 것이니 살아 있고 항상 있는 하나님의 말씀으로 되었느니라.……너희에게 전한 복음이 곧 이 말씀이니라. 베드로전서 1:23-25

20. 성찬은 가장 위대한 만찬이다. 목사는 거룩한 상징을 자기 손으로 직접 잡는 자다.

내가 고난을 받기 전에 너희와 함께 이 유월절 먹기를 원하고 원하였노라. 누가복음 22:15

우리가 축복하는 바 축복의 잔은 그리스도의 피에 참여함이 아니며 우리가 떼는 떡은 그리스도의 몸에 참여함이 아니냐.

고린도전서 10:16

21. 세례는 죽음과 삶의 가장 위대한 상징이다. 목사는 그리스도를 대신하여 이 드라마를 실연하는 자다.

무릇 그리스도 예수와 합하여 세례를 받은 우리는 그의 죽으심과

합하여 세례를 받은 줄을 알지 못하느냐. 그러므로 우리가 그의 죽으심과 합하여 세례를 받음으로 그와 함께 장사되었나니 이는 아버지의 영광으로 말미암아 그리스도를 죽은 자 가운데서 살리심과 같이 우리로 또한 새 생명 가운데서 행하게 하려 함이라.

로마서 6:3-4

그러므로 너희는 가서 모든 민족을 제자로 삼아 아버지와 아들과 성령의 이름으로 세례를 베풀고. 마태복음 28:19

22. 장례는 영원한 세계를 보여주는 중대한 예식이다. 목사는 눈을 크게 뜨고 지켜보는 이들과 함께 넘치는 소망으로 그 자리를 지키는 자다.

그러므로 우리가 항상 담대하여 몸으로 있을 때에는 주와 따로 있는 줄을 아노니 이는 우리가 믿음으로 행하고 보는 것으로 행하지 아니함이로라. 우리가 담대하여 원하는 바는 차라리 몸을 떠나 주와 함께 있는 그것이라. 고린도후서 5:6-8

이 썩을 것이 썩지 아니함을 입고 이 죽을 것이 죽지 아니함을 입을 때에는 사망을 삼키고 이기리라고 기록된 말씀이 이루어지리라. 사망아, 너의 승리가 어디 있느냐. 사망아, 네가 쏘는 것이 어디 있느냐. 사망이 쏘는 것은 죄요 죄의 권능은 율법이라. 우리 주 예수 그리스도로 말미암아 우리에게 승리를 주시는 하나님께 감사하노니. 고린도전서 15:54-57

23. 결혼은 남녀가 평생 함께하도록 하나님이 제정하신 중대한 예식이
다. 목사는 모든 사람이 이해하도록 이 드라마를 보여주는 자다.

이제 둘이 아니요 한 몸이니 그러므로 하나님이 짝지어 주신 것을
사람이 나누지 못할지니라. 마태복음 19:6

아내들이여, 자기 남편에게 복종하기를 주께 하듯 하라. 이는 남편
이 아내의 머리됨이 그리스도께서 교회의 머리됨과 같음이니 그
가 바로 몸의 구주시니라. 그러므로 교회가 그리스도에게 하듯 아
내들도 범사에 자기 남편에게 복종할지니라. 남편들아, 아내 사랑
하기를 그리스도께서 교회를 사랑하시고 그 교회를 위하여 자신
을 주심 같이 하라. 에베소서 5:22-25

24. 병원 심방은 위대한 소망을 전달하는 성스러운 일이다. 목사는 손
과 음성으로 이 거룩한 교류를 중재하는 자다.

너희 중에 병든 자가 있느냐. 그는 교회의 장로들을 청할 것이요
그들은 주의 이름으로 기름을 바르며 그를 위하여 기도할지니라.
믿음의 기도는 병든 자를 구원하리니 주께서 그를 일으키시리라.
야고보서 5:14-15

소망의 하나님이 모든 기쁨과 평강을 믿음 안에서 너희에게 충만
하게 하사 성령의 능력으로 소망이 넘치게 하시기를 원하노라.
로마서 15:13

보블리오의 부친이 열병과 이질에 걸려 누워 있거늘 바울이 들어

가서 기도하고 그에게 안수하여 낫게 하매. 사도행전 28:8

25. 마귀는 중대한 원수다. 목사는 날마다 거룩한 전쟁을 치르는 자다.

근신하라. 깨어라. 너희 대적 마귀가 우는 사자 같이 두루 다니며
삼킬 자를 찾나니 너희는 믿음을 굳건하게 하여 그를 대적하라.
베드로전서 5:8-9

그런즉 너희는 하나님께 복종할지어다. 마귀를 대적하라. 그리하
면 너희를 피하리라. 야고보서 4:7

26. 지혜롭고 성경적인 조언은 많은 정금보다 위대하다. 목사는 이런
조언들로 많은 사람을 부요케 하는 자다.

경우에 합당한 말은 아로새긴 은쟁반에 금사과니라. 잠언 25:11

지혜를 얻는 것이 금을 얻는 것보다 얼마나 나은고. 명철을 얻는
것이 은을 얻는 것보다 더욱 나으니라. 잠언 16:16

우리가 그를 전파하여 각 사람을 권하고 모든 지혜로 각 사람을
가르침은 각 사람을 그리스도 안에서 완전한 자로 세우려 함이니.
골로새서 1:28

27. 세계 선교는 세상에서 가장 위대한 사업이다. 목사는 모든 교인이
가는 자나 보내는 자가 될 때까지 설교하고 기도하며 관심을 일으
키는 자다.

이 천국 복음이 모든 민족에게 증언되기 위하여 온 세상에 전파되리니 그제야 끝이 오리라. 마태복음 24:14

추수할 것은 많되 일꾼이 적으니 그러므로 추수하는 주인에게 청하여 추수할 일꾼들을 보내 주소서 하라. 마태복음 9:37-38

28. 돈을 사랑하는 욕심은 수많은 악의 중대한 뿌리다. 목사는 그 욕심을 자기 영혼에서 끊어낼 뿐 아니라 모든 양떼 가운데서도 기꺼이 사라지게 하려는 자다.

부하려 하는 자들은 시험과 올무와 여러 가지 어리석고 해로운 욕심에 떨어지나니 곧 사람으로 파멸과 멸망에 빠지게 하는 것이라. 돈을 사랑함이 일만 악의 뿌리가 되나니 이것을 탐내는 자들은 미혹을 받아 믿음에서 떠나 많은 근심으로써 자기를 찔렀도다. 디모데전서 6:9-10

자족하는 마음이 있으면 경건은 큰 이익이 되느니라. 우리가 세상에 아무 것도 가지고 온 것이 없으매 또한 아무 것도 가지고 가지 못하리니 우리가 먹을 것과 입을 것이 있은즉 족한 줄로 알 것이니라. 디모데전서 6:6-8

각각 그 마음에 정한 대로 할 것이요 인색함으로나 억지로 하지 말지니 하나님은 즐겨 내는 자를 사랑하시느니라. 고린도후서 9:7

돈을 사랑하지 말고 있는 바를 족한 줄로 알라. 그가 친히 말씀하시기를 내가 결코 너희를 버리지 아니하고 너희를 떠나지 아니하

리라 하셨느니라. 히브리서 13:5

29. 모든 양떼의 중대한 필요는 거룩한 길로 인도받는 것이다. 목사는 "큰 목자" 밑에서 겸손히 인도자의 역할을 맡는다.

너희를 인도하는 자들에게 순종하고 복종하라. 그들은 너희 영혼을 위하여 경성하기를 자신들이 청산할 자인 것같이 하느니라. 그들로 하여금 즐거움으로 이것을 하게 하고 근심으로 하게 하지 말라. 그렇지 않으면 너희에게 유익이 없느니라. 히브리서 13:17

양들의 큰 목자이신 우리 주 예수를 영원한 언약의 피로 죽은 자 가운데서 이끌어 내신 평강의 하나님이 모든 선한 일에 너희를 온전하게 하사 자기 뜻을 행하게 하시고 그 앞에 즐거운 것을 예수 그리스도로 말미암아 우리 가운데서 이루시기를 원하노라. 영광이 그에게 세세무궁토록 있을지어다. 아멘. 히브리서 13:20-21

30. 종으로 낮아지는 것이야말로 큰 자로 높아지는 길이다. 목사는 즐거이 "그는 흥하여야 하겠고 나는 쇠하여야 하리라"라고 말하는 자다.

너희 중에는 그렇지 않을지니 너희 중에 누구든지 크고자 하는 자는 너희를 섬기는 자가 되고. 마가복음 10:43

그는 흥하여야 하겠고 나는 쇠하여야 하리라. 요한복음 3:30

목사가 되는 것은 위대한 일입니다. 이것은 그토록 오랜 세월 이 직분을 맡길 만한 자로 여겨 주신 하나님의 크신 자비에 바치는 제 감사와 찬양의 노래입니다. 지금까지 제가 뿌린 모든 씨가 오늘도 열매로 나타나길 기도합니다.

> 하나님의 나라는 사람이 씨를 땅에 뿌림과 같으니 그가 밤낮 자고 깨고 하는 중에 씨가 나서 자라되 어떻게 그리 되는지를 알지 못하느니라. 마가복음 4:26-27

최고이신 하나님께 이 마지막 헌사를 드립니다. 위대한 분은 하나님이시지 우리가 아닙니다. 그러나 하나님이 위대하시기에 목사가 되는 일 또한 위대합니다.

> 그렇습니다, 주여. 주는 모든 것에 최고이기에 흥하셔야만 합니다. 목회 사역의 모든 부분에서 주가 최고 높은 자리에 계십니다. 그러므로 구하오니 매일의 목회 사역을 통해, 특히 설교를 통해 주의 이름을 거룩히 높이시고 주의 통치를 확립하옵소서. 주여, 주의 모든 목자들의 삶을 온전히 영화로우신 주와 주의 거룩한 말씀에 집중시켜 주옵소서. 그들이 이 위대한 말씀을 설교할 때 진리와 경이감과 지혜와 능력으로 채워 주옵소서. 주의 주권적인 은혜의 불꽃으로 우리의 설교단을 밝혀 주옵소서. 주야로 겸손히 목회에 전념하는 매순간마다 신실하게

교인들을 사랑하며, 온전한 만족을 주시는 최고의 하나님을 가리켜 보이게 하옵소서. 우리처럼 궁핍한 목사들을 위해 예수께서 온전히 충족하게 행하신 일을 의지하여 이 모든 것을 구하오며, 이에 넘치는 것까지 구하옵니다. 아멘.

결론

사람에게는 하나님의 위엄이 간절히 필요합니다. 그런데 대다수 사람들이 그 위엄을 모릅니다. 그 위엄을 아는 자들은 "하나님이여, 주는 나의 하나님이시라. 내가 간절히 주를 찾되 물이 없어 마르고 황폐한 땅에서 내 영혼이 주를 갈망하며 내 육체가 주를 앙모하나이다"(시 63:1)라고 부르짖습니다. 그러나 대부분은 자신들이 원래 하나님의 능력과 영광이 펼쳐지는 것을 볼 때 기뻐하는 존재임을 알지 못합니다. 그래서 다른 것들로 공허함을 채우려 듭니다. 설령 교회에 다닌다고 해도 예배를 마치고 나오면서 "내가 주의 권능과 영광을 보기 위하여 이와 같이 성소에서 주를 바라보았나이다"(시 63:2)라고 말할 수 있는 사람이 과연 얼마나 되겠습니까?

영광의 가치는 엄청난 것입니다. 사도들이 전파한 메시지의 핵심은 하나님의 영광, "예수 그리스도의 얼굴에 있는 하나님의 영광을 아는 빛"(고후 4:6)이었습니다. 그리스도인의 모든 행동이 지향하는 목표 또한 영광입니다. "그런즉 너희가 먹든지 마시든지 무엇을 하든지 다 하나님의 영광을 위하여 하라"(고전 10:31). 그리스도인의 모든 소망이 집중되는 초점도 영광입니다. "하나님의 영광을 바라고 즐거워하느니라"(롬 5:2). 이 영광이 해와 달 대신 생명의 빛을 비출 날이 오고 있습니다. "그 성은 해나 달의 비침이 쓸데없으니 이는 하나님의 영광이 비치고"(계 21:23). 아직 그 위대한 날은 이르지 않았지만, 지금도 하늘은 "하나님의 영광을 선포하고"(시 19:1) 있습니다. 그 영광의 가치를 발견할 때, 곧 "빛이 있으라"라는 하나님의 말씀을 듣고 눈이 뜨일 때, 밭에 감추인 보화를 발견한 사람처럼 기뻐하며 자기 소유를 다 팔아 그 밭을 사게 됩니다(마 13:44). 모세처럼 여호와께 "주의 영광을 내게 보이소서"(출 33:18)라고 외치게 됩니다.

이것은 심장의 통증 같은 것입니다. 그런데 그 원인을 아는 사람이 거의 없습니다. 모든 욕구의 밑바닥에 있는 갈망을 진단해 내는 사람이 거의 없습니다. 자기 마음속에 있는 말 없는 외침을 분명하게 표현해 낼 수만 있다면! 그럴 수만 있다면 "내가 여호와께 바라는 한 가지 일 그것을 구하리니……여호와의 아름다움을 바라보며"(시 27:4)라고 외치게 되지 않겠습니까? 그런데 인간은 그렇게 하는 대신 "불의로 진리를 막"고 "마음에 하나님 두기를 싫어"하며, 심지어 이스라엘의 하나님의 이름으로 일컫는 자들조차 "그의 영광을 무익한 것과 바꾸"고 있습니다(롬 1:18, 28, 렘 2:11).

그 누구보다 설교자들이 먼저 이 사실을 알아야 합니다. 사람에게는 하나님이 간절히 필요하다는 사실을 알아야 합니다. 그 누구보다 하나님의 사자들이 먼저 "내가 주의 권능과 영광을 보기 위하여 이와 같이 성소에서 주를 바라보았나이다"라고 말할 수 있어야 합니다. 우리 설교자들이 아니면 누가 저 세속적인 문화의 광야를 바라보며 "너희 하나님을 보라!"라고 외치겠습니까? 누가 하나님이야말로 찬양받으실 크고 위대하신 분임을 알리겠습니까? 누가 모든 원수를 이기신 하나님의 놀라운 이야기를 전하겠습니까? 누가 위기 때마다 "너희 하나님이 통치하신다!"라고 외치겠습니까? 누가 "복 되신 하나님의 영광의 복음"을 전할 말을 찾기 위해 수고하겠습니까?

우리가 하나님을 최고로 높이는 설교를 하지 않는다면, 사람들이 어디서 하나님의 최고 주권에 대해 들을 수 있겠습니까? 우리가 주일 아침마다 그 아름다움의 잔치를 베풀지 않는다면, 교인들이 억누를 수 없는 갈망을 헛되이 채우기 위해 솜사탕같이 녹아내릴 쾌락과 종교 선전을 좇아가지 않겠습니까? 주일마다 하나님의 주권적인 은혜의 산에서 생수의 샘이 흘러나오지 않는다면, 월요일부터 각자 "물을 가두지도 못할 터진 웅덩이"(렘 2:13)를 파지 않겠습니까?

우리는 "하나님의 비밀을 맡은 자"(고전 4:1)로 부르심을 받았습니다. 그 큰 비밀이 바로 "너희 안에 계신 그리스도……곧 영광의 소망"(골 1:27)입니다. 그 영광은 하나님의 영광입니다. 그리고 "맡은 자들에게 구할 것은 충성"(고전 4:1)입니다. 유일하고 영원하신 하나님의 가장 높은 영광을 확대해서 보여주는 일에 충성을 다해야 합니다. 작은 것을 크게 확대해서 보여주는 현미경처럼 하라는 것이 아니라, 상상할 수 없이 큰 영광의 은하계를 인간의 눈으로 보게 해주는 망원 경처럼 하라는 것입니다.

교인들을 사랑한다면, 아직 우리안에 들어오지 않은 "다른 양 들"을 사랑한다면, 하나님의 전체적인 목적을 이루고 싶다면, "광야 에서 식탁을" 차리기 위해 수고를 다해야 합니다(시 78:19). 어느 곳 에 있는 사람이든 하나님의 즐거움이 간절히 필요합니다. 조나단 에 드워즈의 말이 맞습니다.

하나님의 즐거움이야말로 우리의 영혼을 만족시킬 수 있는 유일한 행 복이다. 이 땅에서 아무리 쾌적한 곳에 산다 해도 하나님을 온전히 즐 거워하며 천국에 가는 일에는 비할 수가 없다. 부모나 남편이나 아내 나 자식이나 세상 친구들은 전부 그림자에 불과하다. 오직 하나님만 실체시다. 이들은 흩어지는 햇살에 불과하나 하나님은 태양이시다. 이 들은 시냇물에 불과하나 하나님은 대양이시다.[1]

감사의 말

『하나님을 설교하라』의 증보판인 제3판을 기꺼이 출간해 준 베이커 북스에 감사드리고 싶습니다. 저는 생산적인 동반자 관계를 통해 25년 간이나 이 메시지를 전파해 온 것을 당연한 일로 여기지 않습니다. '디자이어링갓'desiringGod.org의 편집장 데이비드 마티스가 이전 판에 썼던 자료의 선별 취합을 도와준 덕분에 다시 작업하고 확장하여 이 책의 새 장들을 쓸 수 있었습니다. 애초에 그의 도움이 없었다면 새 판은 나오지 않았을 것입니다.

제 비서 마셜 시걸은 보이지 않는 곳에서 없어서는 안 될 도움을 제공함으로써 이 일을 가능케 해주었습니다. 그가 제 생활을 대부분 관리해 주지 않았다면, 업무 처리와 의사소통의 바다에 빠져 버렸을 것입니다.

마지막으로 '디자이어링갓' 팀 전체를 주신 하나님께 감사드립니다. 저는 사실상 올해부터 이곳에서 상근하기 시작했습니다. 그전까지는 베들레헴 침례교회에서 일했고, 여전히 기쁜 마음으로 이 책을 그 양떼에게 헌정하는 바입니다. 그러나 이제 인생의 새로운 시기로 접어들었으니, 지금부터 제 사역은 하나님이 은혜로 모아주신 이 팀과 이 사역을 가능케 해주는 수백 명의 동반자들을 통해 지원받고 지속될 것입니다.

이 모든 이들과 더 많은 이들에게 감사를 드립니다. 하나님은 참으로 저를 인자하게 대해 주셨습니다.

주

개정판 서문

1 조나단 에드워즈, '글모음'Miscelleanies,『조나단 에드워즈 전집』*The Works of Jonathan Edwards* 제 13권, 토머스 쉐퍼 편(New Haven, conn.:Yale University Press, 1994), 495쪽, 글모음 #448. 강조체는 내가 표시한 것이다.

초판 서문

1 앤드류 보나 편,『로버트 머레이 맥체인의 전기와 유산』*Memoir and Remains of Robert Murray M'Cheyne*(Grand Rapids: Baker, 1978), 258쪽.

2 마크 놀, '조나단 에드워즈, 도덕철학, 그리고 미국 기독교 사상의 세속화'Jonathan Edwards, Moral Philosophy, and the Secularization of American Christian Thought,『개혁 저널』*Reformed Journal*(1983년 2월호), 26쪽. 강조체는 내가 표시한 것이다.

3 찰스 콜슨, 조나단 에드워즈의『신앙감정론』서문(Sisters, Ore.: Multnomah, 1984), xxiii, xxxiv.

4 이안 머레이,『잊혀진 스펄전』*The Forgotten Spurgeon*(Edinburgh: Banner of Truth, 1966), 36쪽.

1장 설교의 목적

1 찰스 스펄전,『신학생들을 위한 설교론』*Lectures to My Students*(Grand Rapids: Zondervan, 1972), 26쪽.

2 제임스 스튜어트, 『하나님의 전령』 *Heralds of God*(Grand Rapids, Mich.: Baker, 1972), 73쪽. 윌리엄 템플이 예배를 정의하기 위해 말한 내용을 인용한 것으로서, 스튜어트는 이 말을 빌려 "설교의 목적과 목표를 정확히" 전달하려 했다.

3 제임스 조윗, 『설교자: 그의 삶과 일』 *The Preacher: His Life and Work*(New York: Harper, 1912), 96, 98쪽.

4 스펄전, 『신학생들을 위한 설교론』, 146쪽.

5 새뮤얼 존슨, 『영국 시인들의 생애』 *Lives of the English Poets*(London: Oxford University Press, 1906), 2:365쪽.

6 마틴 로이드 존스, 『복음의 핵심』, 96, 98쪽.

7 코튼 매더, 『학생과 설교자, 또는 목사 후보자를 위한 지침』 *Student and Preacher, or Directions for a candidate of the Ministry*(London: Hindmarsh 1726), v.

8 이 말을 주석적으로 더 자세히 옹호하는 내용이 존 파이퍼의 『하나님을 기뻐하라』 *Desiring God: Meditation of a Christian Hedonist* 3판(Sisters, Ore.: Multnomah, 2003) 부록 1에 나온다.

9 이것이 『하나님을 기뻐하라』의 논지이며, 설교 말고도 삶의 다른 영역에서 어떤 의미가 있는지를 다루었다.

2장 설교의 토대

1 이 정의에 대한 논증과 설명을 보려면 존 파이퍼의 『하나님의 의』 *The Justification of God: An Exegetical and Theological Study of Romans 9:1-23* 2판(Grand Rapids: Baker, 1993)을 보라.

3장 설교의 은사

1 필립스 브룩스, 『설교론』 *Lectures on Preaching*(Grand Rapids: Baker, 1969), 106쪽.

2 물론 세상 사람들 중 대다수가 글을 읽고 쓸 줄 모른다. 그런 선교지에서 긴급히 이루어지는 대부분의 설교는 기독교인들이 성경을 손에 들고 앉아 있는 미국의 설교단에서 이루어지는 설교 형태와는 같지 않을 것이다. 그렇지만 내가 하고 싶은 말은 그렇게 문맹인 사람들에게 설교할 때라도 암기한 성경구절을 많이 인용하여 설교자의 권

위가 하나님의 영감된 책에서 비롯됨을 분명히 해야 한다는 점이다. 글을 읽고 쓸 줄 모르는 문화에 살고 있는 사람들에게 강해 설교를 시도할 때에는 세심하게 주의해야 한다.

3 존 스토트, 『두 세계 사이에서』 *Between Two Worlds*(Grand Rapids: Eerdmans, 1982), 32쪽에서 인용.

4 세레노 드와이트, 『조나단 에드워즈의 전기』 *Memoirs of Jonathan Edwards*, 『조나단 에드워즈 전집』 제1권(Edinburgh: Banner of Truth, 1974), xxi.

5 이안 머레이, 『잊혀진 스펄전』, 34쪽에서 인용.

4장 설교의 진지함과 즐거움

1 드와이트, 『전기』, xx.

2 조나단 에드워즈, '복음 사역자의 참된 탁월성' The True Excellency of a Gospel Minister, 『조나단 에드워즈 전집』 제2권(Edinburgh: Banner of Truth, 1974), 958쪽.

3 조나단 에드워즈, '대각성 운동' The Great Awakening, 『조나단 에드워즈 전집』 제4권, C. 고언(New Haven, Conn.: Yale University Press, 1972), 272쪽.

4 드와이트, 『전기』, clxxxix.

5 같은 책, cxc.

6 스튜어트, 『하나님의 전령』, 102쪽.

7 앤드류 블랙우드 편, 『개신교 설교』 *The Protestant Pulpit*(Grand Rapids: Baker, 1977), 311쪽.

8 제임스 알렉산더, 『설교론』 *Thoughts on Preaching*(Edinburgh: Banner of Truth, 1975), 264쪽.

9 브룩스, 『설교론』, 82-83쪽.

10 조나단 에드워즈, 『신앙감정론』, 『조나단 에드워즈 전집』 제2권, 존 스미스 편(New Haven, Conn.: Yale University Press, 1994), 339쪽.

11 스토트, 『두 세계 사이에서』, 325쪽 인용.

12 조웻, 『설교자』, 89쪽.

13 베넷 타일러와 앤드류 보나, 『아사헬 네틀턴의 삶과 일』 *The Life and Labors of Asahel Nettelton*(Edinburgh: Banner of Truth, 1975), 65, 67, 80쪽.

14 윌리엄 스프레이그Willian Sprague, 『신앙부흥론』Lectures on Revivals of Religion(Edinburgh: Banner of Truth, 1959), 119-120쪽. 나머지 부분도 인용하지는 않았지만 똑같이 중요하다.

15 머레이, 『잊혀진 스펄전』, 38쪽 인용.

16 스펄전, 『신학생들을 위한 설교론』, 212쪽.

17 스튜어트, 『하나님의 전령』, 207쪽 인용.

18 찰스 브리지스, 『기독교 사역』The Christian Ministry(Edinburgh: Banner of Truth, 1967), 214쪽 주2.

19 B. B. 워필드, '신학생의 경건생활'The Religious Life of Theological Students, 『프린스턴 신학』The Princeton Theology 마크 놀 편(Grand Rapids: Baker, 1983), 263쪽.

20 브리지스, 『기독교 사역』, 214쪽 인용.

21 드와이트, 『전기』, xx, xxii.

5장 하나님을 중심에 두라

1 에드워즈 전기에 관심이 있는 독자들에게 이안 머레이의 『조나단 에드워즈의 새 전기』Jonathan Edwards: A New Biography(Edinburgh: Banner of Truth, 1987)와 조지 마즈던의 『조나단 에드워즈 평전』Jonathan Edwards: A Life(New Haven, Conn.: Yale University Press, 2003)를 권한다.

2 드와이트, 『추억』, xxxix.

3 같은 책, xxxviii.

4 같은 책, xx.

5 같은 책, xxxvi.

6 같은 책, xxxvi.

7 엘리자베스 도즈, 『힘든 남자와 결혼하다: 조나단과 사라 에드워즈의 '비상한 연합'』Marriage to a Difficult Man: The "Uncommon Union"(Philadelphia: Westminster, 1971), 재판(Laurel, Audubon Press, 2003), 20-21쪽(재판본 기준).

8 조나단 에드워즈, 『선집』Selections, C. H. 파우스트와 T. 존슨 편(New York: Hill and

Wang, 1935), 69쪽.

9 드와이트, 『전기』, clxxiv.

10 같은 책, clxxiv-clxxv.

11 같은 책, clxxvii.

12 같은 책, clxxix.

6장 감미로운 주권에 복종하라

1 조나단 에드워즈, '하나님은 하나님이시므로 그의 주권에 반하는 모든 반대를 잠잠케 하기에 충분하다는 이 한 가지를 고려하라'The sole Consideration, That God Is God, Sufficient to Still All Objections to His Sovereignty, 『조나단 에드워즈 전집』제2권(Edinburgh: Banner of Truth, 1974), 107쪽.

2 같은 책, 107-108쪽.

3 에드워즈, 『신앙감정론』, 279쪽.

4 에드워즈, 『선집』, 69쪽.

5 『하나님이 세상을 창조하신 목적』The End for Which God Created the World 전문과 주해는 존 파이퍼의 『영광을 위한 하나님의 열심: 조나단 에드워즈의 시각으로 살라』God's Passion for His Glory: Living the Vision of Jonathan Edwards(Wheaton: Crossway, 1998)에서 찾아볼 수 있다.

6 에드워즈, 『신앙감정론』, 237쪽.

7 같은 책, 243쪽.

8 에드워즈, 『죄의 만족에 대한 글모음』Miscellaneous Remarks Concerning Satisfaction for Sin, 『조나단 에드워즈 전집』제2권, 569쪽.

9 에드워즈, 『믿음에 대한 글모음』Miscellaneous Remarks Concerning Faith, 『조나단 에드워즈 전집』제2권, 588쪽.

10 같은 책, 578-595쪽. 이러한 관찰 및 많은 유사한 추론이 이에 대한 에드워즈의 언급 전반에 등장한다.

11 에드워즈, 『은혜의 효력에 대한 글모음』Miscellaneous Remarks Concerning Efficacious Grace, 『조나단 에드워즈 전집』제2권, 548쪽.

12 에드워즈, 『성도의 견인에 대한 글모음』 *Miscellaneous Remarks Concerning Perseverance of the Saints*, 『조나단 에드워즈 전집』 제2권, 596쪽.

7장 하나님을 최고로 높이라

1 에드워즈, 『신앙감정론』, 238쪽.

2 같은 책. 244쪽. 고딕체는 따로 강조한 것이다.

3 에드워즈, 『선집』, xx.

4 에드워즈, 『조나단 에드워즈 전집』 제4권 중 『대각성운동』 *The Great Awakening*에 나오는 『부흥에 대한 몇 가지 생각』 *Some Thoughts Concerning the Revival*, C. 고언 편(New Haven, Conn.: Yale University Press, 1972), 387쪽. 399쪽도 보라.

5 에드워즈, 『신앙감정론』, 314쪽.

6 같은 책, 243쪽.

7 에드워즈, 『부흥에 대한 몇 가지 생각』, 388쪽.

8 에드워즈, '참된 탁월성', 958쪽.

9 에드워즈, 『신앙감정론』, 258쪽.

10 같은 책, 289쪽.

11 에드워즈, 『부흥에 대한 몇 가지 생각』, 386쪽.

12 에드워즈, '참된 탁월성', 959쪽.

13 에드워즈, '신앙고백' Personal Narrtive, 『선집』, 65쪽.

14 드와이트, 『전기』, xxi.

15 같은 책, clxxiv.

16 에드워즈, '참된 탁월성', 957쪽.

17 드와이트, 『전기』, xxx.

18 에드워즈, '진노하시는 하나님의 손에 잡힌 죄인들' Sinners in the Hands of an Angry God, 『조나단 에드워즈 전집』 제2권, 10쪽.

19 존 거스트너, 『조나단 에드워즈의 천국과 지옥』 *Jonathan Edwards on Heaven and Hell*(Grand Rapids: Baker, 1984), 44쪽에서 인용. 이 책은 천국의 영광과 지옥의 공포에 대한 에드

워즈의 균형 잡힌 통찰을 탁월하게 소개하고 있다.

20 에드워즈, 『신앙감정론』, 259쪽.

21 에드워즈, 『견인』, 『조나단 에드워즈 전집』 제2권, 596쪽.

22 에드워즈, 『신앙감정론』, 308쪽.

23 에드워즈, 『성령의 역사에 나타나는 분명한 표지』 *The Distinguishing Marks of the Spirit of God*, 『조나단 에드워즈 전집』 제4권, 248쪽.

24 에드워즈, 『부흥에 대한 몇 가지 생각』, 391쪽.

25 에드워즈, 『의지의 자유』, 『조나단 에드워즈 전집』 제2권, 87쪽.

26 에드워즈, 『은혜의 효력』, 557쪽.

27 에드워즈, 『하나님 나라로 달려가라』 *Pressing into the Kingdom*, 『에드워즈 전집』, 제1권 659쪽.

28 드와이트, 『전기』, clxxxix.

29 같은 책, xxx.

30 같은 책, xxx.

31 같은 책, clxxxix.

32 에드워즈, 『신앙감정론』, 246쪽.

33 에드워즈, '참된 탁월성', 957쪽.

34 에드워즈, 『부흥에 대한 몇 가지 생각』, 390-391쪽.

35 에드워즈, '기도를 들으시는 지존하신 하나님', 『에드워즈 전집』 제2권, 116쪽.

36 에드워즈, 『부흥에 대한 몇 가지 생각』, 438쪽.

37 에드워즈, '참된 탁월성', 960쪽.

38 에드워즈, '신앙고백', 『선집』, 61쪽

39 에드워즈, 『겸손한 시도』 *A Humble Attempt*, 『조나단 에드워즈 전집』 제2권, 278-312쪽.

40 에드워즈, 『신앙감정론』, 302쪽.

41 같은 책, 308쪽.

42 에드워즈, '목회자의 귀감이신 그리스도' Christ the Example of Ministers, 『에드워즈 전집』 제2권, 278-312쪽.

43 에드워즈, '신앙고백', 『선집』, 69쪽.

44 같은 책, 67쪽.

45 『대각성 운동』, 『조나단 에드워즈 전집』 제4권, 72쪽에서 인용.

46 위에 인용된 예를 보라. 52-53쪽.

47 드와이트, 『전기』, cxc.

48 호라티우스 보나, 존 길리즈의 『역사에 나타난 부흥의 이야기』Historical Collections of
    Accounts of Revival(Edinburgh: Banner of Truth, 1981) 서문, vi.

49 에드워즈, 『부흥에 대한 몇 가지 생각』, 386쪽.

8장 33년 후 조나단 에드워즈에 대하여

1 에드워즈, '글모음', 495쪽, 글모음#448; #87, 251-252쪽; #332, 410쪽; #679(뉴헤이
   븐 판에는 없다)도 보라. 강조체는 내가 표시한 것이다.

2 에드워즈, '521. 누가복음 22:44', 설교집, 시리즈 2, 1739(WJE 온라인 54권), 조
   나단 에드워즈 센터 편, 2013년 2월 18일 공개. http//edwards.yale.e여/archive?path
   =aHR0cDovL2Vkd2FyZHMueWFsZS5lZHUvY2dpLWJpbi9uZXRvcmlplY3QucGGw/
   Yy41MjoyMS53amVv)

3 에드워즈, '하나님이 세우신 원대한 계획의 목적에 다가가며', 『조나단 에드워즈 전집』
   제25권, 윌슨 킴내취 편(New Haven: Yale University Press, 2006), 111-126쪽.

4 같은 책, 116쪽.

5 같은 책, 116쪽.

6 같은 책, 116쪽.

7 같은 책, 116-117쪽.

8 내 책 『온 백성은 기뻐하라: 선교에 나타나는 하나님의 최고 주권』Let the Nations Be Glad:
   The Supremacy of God in Mission(Grand Rapids: Baker Academic 2010), 40-46쪽에 관련 본문
   을 가장 광범위하게 모아 놓았다.

9 에드워즈, '하나님이 세우신 원대한 계획의 목적에 다가가며', 117쪽.

10 같은 책, 118쪽.

11 에드워즈는 그리스도와 우리의 연합을 표현하면서 마치 우리 자신이 하나님이 되는

듯한 암시를 주지 않고자 조심한다. "성경은 [그리스도와 연합하는 것을] 성도가 '신성한 성품에 참여하는' 일로(벧후 1:4), 하나님이 그들 안에 거하시고 그들 또한 하나님 안에 거하는 일로 표현합니다.……성도는 하나님의 본질에 참여하는 것이 아니며, 어떤 이단들의 가증하고 신성모독적인 말과 생각처럼 '하나님화'되고 '그리스도화'되는 것이 아닙니다. 성경의 표현대로 하나님의 충만함에 참여하는 자(엡 3:17-19, 요 1:16), 즉 피조물의 크기와 용량에 맞게 하나님의 영적인 아름다움과 행복에 참여하는 자가 되는 것입니다." 에드워즈, 『신앙감정론』, 『조나단 에드워즈 전집』 2권, 203쪽.

12 로버트 리섬Robert Retham, 『그리스도와 우리의 연합: 성경과 역사와 신학 속에서』*Union with Christ; In Scripture, History, and Theology*(Phillipsburg, NJ: P&R Publishing, 2011) "그리스도와 우리의 연합은 구원에 대한 성경의 가르침에 결정적으로 중요한 일이요 핵심에 있는 일이다"(1쪽).

13 에드워즈, '하나님이 세우신 원대한 계획의 목적에 다가가며', 116-117쪽. 강조체는 내가 표시한 것이다.

9장 성경에 매인 설교를 높이며

1 칼뱅, 『요한복음 주석』*Commentary on the Gospel According to John*, 제2권, 윌리엄 프링글 William Pringle 역 (repr. Grand Rapids: Baker, 2003), 182쪽.

2 칼뱅, '사돌레토 추기경에게 보내는 편지'Letter to Cardinal Jacopo Sadoleto, J. H. 메를 도비뉴 Merle D'Abigné의 『그리스도를 찬미하라』*Let Christ be Magnified*(Edinburgh: Banner of Truth, 2007), 13쪽에서 인용.

3 칼뱅이 설교단에 섰던 기간을 짐작할 수 있도록 정보를 주자면, 그는 1549년 8월 25일 사도행전 설교를 시작해서 1554년 3월에 마무리했다. 연이어 1558년 5월까지 데살로니가전후서(46편), 고린도전후서(186편), 목회서신(86편), 갈라디아서(43편), 에베소서(48편)를 설교했다. 그 후에 질병으로 인한 공백기가 있었고, 1559년 봄에 공관복음을 시작했으나 다 마치지 못한 채 1564년 5월 세상을 떠났다. 이 내용과 그 외의 통계 자료는 T. H. L. 파커Parker의 『칼뱅의 초상』*Portrait of Calvin*(Philadelpia:Westminster Press, 1954), 83쪽과 볼페르트 더 흐레이프W. de Greef의 『장 칼뱅의 저작: 입문 안내서』*The*

Writings of John Calvin: An Introductory Guide, 라일 비어마Lyle D. Bierma 역(Grand Rapids: Baker, 1993), 111-112쪽을 보라.

결론

1   에드워즈, '그리스도인의 순례'The Christian Pilgrim, 『조나단 에드워즈 전집』 제2권, 244쪽.

찾아보기